WEYERDEELEN
WORPSW
Weyerdeelen
Bremerv
Birkenweg
Im Wrockmoor
Vor Weyerdeelen
Hans-am-Ende-Weg
In de Wischen
Im Branden
7 Kunstcentrum Alte Molkerei
OSTERWEDE
Vor den Pferdeweiden
Bahnhofstraße
Worpsweder Bahnhof
press"
Im Wiesengrund
Osterweder Straße
Kattenpad
Im Rusch
S.-Böttjer-Weg
Auf der Dohn-horst
Im Schluh
Haus im Schluh
5
Udo-Peters-Weg
Im Schluh
Bergedorfer Utdamm
Rilkeweg
mmeweg
Walter-Bertelsmann-Weg
Bauernreihe
Museum am Modersohn-Haus
6
Hembergstraße
Ernst-Licht-Weg
Findorffstraße
Bergstraße
Kirche
1
Worpsweder Kunsthalle Netzel
2 Große Kunstschau
Fritz-Overbeck-Weg
Lindenallee
Hörenberg
Susenbarg
„Käseglocke"
3
Fischerhude
Karl-Krummacher-Weg
Willi-Ohlers-Weg
Fritz-Mackensen-Weg
Weyerberg
Barkenhoff
4
Ostendorfer Straße
Nieder-sachsen-stein
Auf der Heidwende
Am Schmidtberg
Ostendorfer Utdamm
Bergedorfer Straße
OSTENDORF
Hinterm Berg
Heinrich-Vogeler-Weg
Lilienthal Bremen

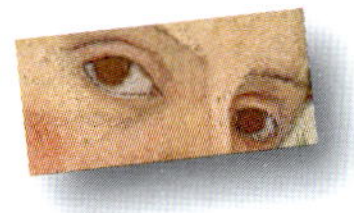

Donata Holz Bärbel Schönbohm

Weite Himmel und noch mehr …

Kunstgeschichten aus Worpswede, Fischerhude und Lilienthal

herausgegeben von der
Lilienthaler Kunststiftung Monika und Hans-Adolf Cordes
2008

Die Geschichte der Künstlerorte in Stichpunkten

1124 tauchte Fischerhude zum ersten Mal in Urkunden auf.

um 1200 wurde Worpswede erstmals in den Büchern erwähnt.

1232 gründete der Bremer Erzbischof Gerhard II. das Kloster Lilienthal.

1750 entwässerte Jürgen Christian Findorff das Moor.

um 1800 baute Johann Hieronymus Schröter ein Observatorium in Lilienthal.

1844 wurde Christian Ludwig Bokelmann in Lilienthal geboren.

1884 besuchte Fritz Mackensen zum ersten Mal Worpswede.

1889 beschlossen Fritz Mackensen, Otto Modersohn und Hans am Ende ganz in Worpswede zu bleiben.

1894 1894 kam Heinrich Vogeler nach Worpswede und der Künstler-Verein Worpswede wurde gegründet.

1895 hatten die Worpsweder Maler mit ihrer Ausstellung im Münchner Glaspalast ihren ersten großen Erfolg. Heinrich Vogeler kaufte den Barkenhoff.

1897 kam Paula Becker nach Worpswede und wurde Schülerin von Fritz Mackensen.

1899 löste sich wegen Streitigkeiten der Künstler-Verein Worpswede auf. Paula Becker reiste erstmals nach Paris.

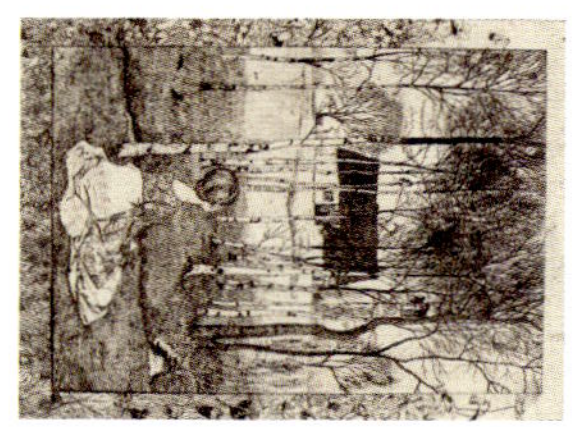

1901 Das Jahr der Worpsweder Hochzeiten: Heinrich und Martha Vogeler, Rainer Maria Rilke und Clara Westhoff, Otto Modersohn und Paula Becker heirateten.

1907 Paula Modersohn-Becker starb nach der Geburt ihrer Tochter. Heinrich Breling ließ sich in Fischerhude nieder.

1908 zog Otto Modersohn nach Fischerhude.

>>> Die Geschichte geht weiter… auf Seite 94!

Inhalt

Fritz Mackensen: Torfkähne auf der Hamme (1897)

Wie alles begann …

Die Geschichte von Worpswede, Fischerhude und Lilienthal

Schwere Arbeit:
Torf diente früher zum Heizen und wurde auf Kähnen über Gräben und Kanäle in die Städte gebracht.

Worpswede

Worpswede mit seinem kleinen Weyerberg liegt am Rande des Teufelsmoores. Erstmals wurde der Ort um 1200 in den Büchern erwähnt. Künstler gab es damals dort noch keine, sondern nur acht Bauernhöfe, die zu dem Kloster Osterholz gehörten. Im Laufe der nächsten Jahrhunderte ließen sich nur wenige Menschen in dieser moorigen Region nieder. Das änderte sich erst um 1750: Auf Anordnung des Königs von Hannover kam Jürgen Christian Findorff. Er hatte die Aufgabe, das Land zu vermessen und Pläne anzufertigen, nach denen das Land besiedelt werden sollte. Außerdem ließ er Kanäle und bauen, um das Moor so weit zu entwässern, dass auch dort ein Leben möglich wurde. So konnten rund um Worpswede zahlreiche neue Hofstellen entstehen. Von Wohnkomfort konnte in diesen Moorkolonien damals nicht die Rede sein: Die Menschen lebten in kleinen strohgedeckten Hütten, die selbst im Sommer feucht waren. Sogar ihre Hühner und Ziegen lebten mit ihnen unter einem Dach.

Und wann und wie entdeckten nun die Künstler Worpswede? Es war ein Zufall, der den jungen Kunststudenten Fritz Mackensen 1884 an den Weyerberg führte. In seinem Studienort Düsseldorf wurde er regelmäßig von der Schwester des Worpsweder Kaufmanns Stolte zum Mittagessen eingeladen. Dort lernte er dann auch dessen Tochter Mimi kennen, die ihm vorschlug, die Ferien in Worpswede zu verbringen. Mackensen war von der Landschaft begeistert. Während für die Bauern die Natur harte Arbeit bedeutete, fühlte er sich durch ihre Schönheit zum Malen angeregt. Es blieb nicht bei dem einen Besuch. Fritz Mackensen kam immer wieder und brachte auch seine Künstlerkollegen mit. Schließlich waren es fünf junge Maler, die sich regelmäßig in den Semesterferien in Worpswede trafen. Zu der Gruppe gehörten außer Mackensen Otto Modersohn, Hans am Ende, Fritz Overbeck und Carl Vinnen. Schon bald kam auch Heinrich Vogeler, der Jugendstilkünstler, dazu.

Nach einer Ausbildung zum Tischler sammelte *Jürgen Christian Findorff* (1720-1792) Erfahrungen im Wasserbau und bei der Landvermessung. Ab 1751 sorgte er im Auftrag des Kurfürsten von Hannover für die Trockenlegung der Moore. Darum nennt man ihn auch den „Moorkommissar".

Bei dem Begriff *Teufelsmoor* denkt man an ein dämonisches Wesen, das durch das Moor spukt. Doch ist der Name nur durch eine falsche Übertragung aus dem Niederdeutschen entstanden. Eigentlich hieß es mal Dovenmoor, was „unfruchtbares Moor" bedeutet. Aus *doven* wurde dann mit der Zeit *Duvel* – und *Duvel* heißt ins Hochdeutsche übersetzt Teufel.

Das Teufelsmoor

Leben mit der Natur: Aus Schilf bauten die Bauern Reetdächer für ihre Häuser

Fritz Mackensen: Frühlingssonne im Dorf (1895)

Im Jahre 1889 entschieden sie sich dann für immer in Worpswede zu bleiben. *Weg mit den Akademien. Die Natur ist unsere Lehrerin, und danach müssen wir handeln*, rief Otto Modersohn damals aus. Damit war die Künstlerkolonie gegründet.

Fischerhude

Fischerhude galt einst als das *Amsterdam im Grünen*, denn damals gab es hier über 80 kleine Flussarme. Fischerhude, das ehemals Widageshude hieß, liegt auf einer schmalen Sanddüne am Rande des Teufelsmoores und der Geest. In den Urkunden wurde es 1124 zum ersten Mal erwähnt. Damals lagen viele Höfe auf Bargten (kleine Sandhügel) direkt an der Wümme. Um die schmalen Wasserwege zu Fuß zu überqueren, gab es überall im Dorf Holzstege. Das Wasser war der wichtigste Verkehrsweg für die Bewohner Fischerhudes, auch um nach Bremen zu gelangen. So besaßen viele von ihnen ein Boot.

Typisch für das Ortsbild waren die vielen kleinen Bootsschuppen, die man auf Pfählen neben den Häusern direkt in das Wasser gebaut hatte. Einige davon findet man sogar noch heute.

Zum Künstlerort wurde Fischerhude, als sich der Maler Heinrich Breling 1907 dort niederließ. Er hatte seine Kindheit hier verbracht und kehrte zurück, nachdem er studiert und im fernen München gearbeitet hatte. Heute betrachtet man ihn als Urvater des Fischerhuder Künstlerortes.

Die Geest ist im Gegensatz zum feuchten Moor eine sandige, trockene Landschaft. Man findet die Geest in Norddeutschland, den Niederlanden und Dänemark. Meist liegt die Geest etwas erhöht, so dass man auch von einem Geestrücken spricht. Der Begriff *Geest* kommt aus dem Niederdeutschen und bedeutet „trocken".

Die Geest

Wilhelm Rohmeyer: An der Wümme

Christian Ludwig Bokelmann:
Spielende Moorbauernkinder (um 1890)

Lilienthal

Vallis Liliorum – das Tal der Lilien, so lautete der lateinische Name des Klosters Lilienthal, mit dem die Geschichte des Ortes begann. Es wurde 1232 von dem Bremer Erzbischof Gerhard II. gegründet und gehörte zum Zisterzienserorden. Während des 30-jährigen Krieges, der von 1618 bis 1648 dauerte, wurden die Nonnen dann allerdings vertrieben und das Kloster entweiht. Jetzt entwickelte sich auf den dazugehörigen Ländereien der Ort, der zunächst unter schwedische, dann unter dänische Herrschaft fiel. Erst 1885 wurde Lilienthal mit dem Landkreis Osterholz vereinigt, zu dem es heute noch immer gehört.

Bekannt geworden ist Lilienthal zunächst durch den Astronomen Johann Hieronymus Schroeter. Eigentlich war er Amtmann, doch er interessierte sich so sehr für die Sterne, dass er um 1800 im Amtsgarten eine Sternwarte mit einem Riesenteleskop baute. Man kann kaum glauben, dass in dem kleinen Lilienthal innerhalb nur weniger Jahre das in Europa größte Observatorium entstand! Leider verfiel es jedoch nach dem Tod Schroeters.

Im Laufe der Jahre wurde Lilienthal mehr und mehr Mittelpunkt der umliegenden Dörfer. Und auch die Bremer unternahmen an den Sonntagen gern einen Ausflug dorthin, um am Ufer der Wörpe und Wümme Landluft zu schnuppern. Eine schnelle Verbindung nach Bremen hatte man um 1900 mit der kleinen *Jan-Reiners-Bahn* geschaffen, die nach ihrem Gründer benannt war. Ebenso wie Worpswede war auch Lilienthal von Moordörfern umgeben, in denen die Menschen vom Torfabbau lebten. Und wie war es hier mit den Künstlern? Von einer richtigen Künstlerkolonie kann man nicht sprechen, und doch lebten und arbeiteten hier einige Künstler. Einer der bedeutendsten Maler war Christian Ludwig Bokelmann, der 1844 in Lilienthal geboren wurde.

Der Begriff *Observatorium* kommt aus dem Lateinischen *observare*, was „beobachten" bedeutet. Ein Observatorium ist also ein Ort, an dem man mit wissenschaftlichen Hilfsmitteln wie einem Teleskop Sterne und Himmelskörper beobachten kann.

Hans am Ende: Frühling in Worpswede (um 1900)

„Ich schwärme für die Franzosen …“

Otto Modersohn, 24. Januar 1889

Otto Modersohn

Was ist eine Künstlerkolonie?

Sehnsucht nach der Natur

Wenn es um Worpswede geht, spricht man von einer Künstlerkolonie. In ganz Europa gibt es etwa 40 Künstlerkolonien. Doch wie kommt es eigentlich dazu, dass sich ein Ort so nennt?

Zur Gründung von Künstlerkolonien kam es im 19. Jahrhundert. Damals entschieden sich in vielen Städten Europas Künstler, gemeinsam auf das Land zu gehen, um dort die Natur zu malen. Sie suchten sich kleine Dörfer aus, die nahe an großen Städten lagen. So konnten sie auf dem Land leben und arbeiten und waren schnell in der Stadt, um dort ihre Bilder auszustellen oder zu verkaufen.

Dass Künstler damals in ganz Europa auf die gleiche Idee kamen, hatte verschiedene Gründe. Zum einen wollten sie nicht mehr so malen, wie es an den Akademien, so nannte man die Universitäten damals, Vorschrift war. Dort galten sehr strenge Regeln. Anders als heute konnten die Studenten nicht so frei arbeiten. Sie sollten Porträts malen oder Bilder, die von der Geschichte des Landes erzählten, und dabei in den Ateliers bleiben. Doch viele von ihnen wollten lieber in der freien Natur die Landschaft, den Himmel, die Wolken und das Leben der Bauern auf ihrer Leinwand abbilden.

Ein anderer Grund war, dass man auf dem Land weniger Geld zum Leben brauchte als in der Stadt. Außerdem war das Leben in der Stadt längst nicht mehr so angenehm! Durch die Industrialisierung war die Luft immer schlechter geworden. Unruhe und Hektik breiteten sich aus. Zum ersten Mal in der Kulturgeschichte sprach man von Stress. Darum sehnten sich viele Menschen, wie auch die Künstler, nach der Ruhe auf dem Land. Mit mehreren Kollegen zusammen in einem kleinen Dorf zu leben hatte auch den Vorteil, dass man sich gegenseitig unterstützen und bei der Arbeit beraten konnte. Häufig stellten die Maler auch gemeinsam ihre Bilder aus.

Die erste und berühmteste Dorfgemeinschaft von Künstlern entstand in Frankreich, in dem kleinen Ort Barbizon. Er liegt etwa 60 Kilometer südlich von Paris im Wald von Fontainebleau. Um 1840 kamen die ersten Maler dorthin und waren begeistert von der urwüchsigen Natur mit alten knorrigen Eichen, dunklen Waldwegen und Flüssen.

Hans am Ende: Frühlingstag (1897)

„Ich ging auf den Berg.
Da offenbarte sich mir Worpswede
in seiner allergrößten Herrlichkeit."

Fritz Mackensen

Die Tube – eine kleine Erfindung mit großer Wirkung

Dass die Künstler mit Staffeleien in der Natur und nicht im Atelier malten, war neu. Erst durch die Erfindung der Metalltube im Jahre 1841 war das möglich geworden. Mussten die Maler zuvor ihre Farben aus den pulverisierten Pigmenten und Öl selbst anmischen, was ja draußen kaum möglich war, konnten sie jetzt die fertige Farbe in Metalltuben transportieren. So sorgte eine kleine Erfindung für große Schritte in der Malerei. Außerdem wurden kleine Holzkästen entwickelt, in denen die Künstler Farben und Pinsel verstauten. Gleichzeitig konnte man diese Kästen als Staffelei nutzen. Die Leinwände oder Holztäfelchen, die als Malgrund dienten, wurden im Deckel befestigt. So hatten die Bilder, die draußen entstanden, fast immer die gleiche Größe. Oft wurden sie nur als Studie oder Skizze genutzt, nach deren Vorbild die Künstler später im Atelier ein neues und größeres Gemälde schufen.

Worpswede – plötzlich Erfolg

Nachdem Fritz Mackensen und seine Freunde entschieden hatten, in Worpswede zu bleiben, um hier die Natur und die Menschen zu malen, war die Künstlerkolonie gegründet.

Die ersten Jahre waren schwierig für die Maler, denn sie waren noch nicht bekannt und verdienten wenig Geld. Ihre erste große gemeinsame Ausstellung hatten sie 1895 in der Bremer Kunsthalle. Sie hofften auf Erfolg und wurden enttäuscht. In der Zeitung bezeichnete man ihren Ausstellungsraum sogar als ein *Lachkabinett*. Doch dann wurden die Worpsweder Maler zu einer internationalen Ausstellung in den *Münchner Glaspalast* eingeladen. Dort war man begeistert von ihren Bildern.

Diese Leute haben nicht von einem Professor gelernt, wie man Bäume und Wasser malt (...) sie haben zuerst bewundernd vor der Natur gestanden (...), hieß es in der Münchner Zeitung.

Man lobte die Worpsweder Maler so sehr, dass sie auf einmal in ganz Deutsch-land bekannt wurden. So kamen bald darauf viele Menschen von überall her in die Künstlerkolonie am Weyerberg. Von da an ging es den Malern gut, denn endlich wurden ihre Bilder gekauft.

Fischerhude – vom Gänsehüten zur Kunst

In Fischerhude fing alles damit an, dass der junge Heinrich Breling kleine Porträts von den Bauern zeichnete, während er deren Gänse hütete. Eines Tages wurde ein Kaufmann aus Hannover auf den Jungen aufmerksam. Er war von seinem Talent überzeugt und vermittelte, dass der König von Hannover ihm eine künstlerische Ausbildung finanzierte. Später ging Breling nach München und hatte wieder Glück. Der Märchenkönig Ludwig II. von Bayern war so beeindruckt von seiner Kunst, dass er von nun an die Bilder für seinen Hof von ihm malen ließ.

Als der König starb, kehrte Heinrich Breling nach Fischerhude zurück und arbeitete dort erfolgreich als freier Landschaftsmaler. Sechs Töchter hatte er, von denen drei wieder Malerinnen wurden. Eine von ihnen, Louise, war später die dritte Ehefrau von Otto Modersohn. Gemeinsam lebten sie in Fischerhude. Sie hatten zwei Söhne: Ulrich und Christian, der auch wieder Künstler wurde, und später für die Bilder seines Vaters ein eigenes Museum in Fischerhude baute.

Wenn die Maler draußen in der freien Natur arbeiteten, nahmen sie so einiges mit:

Eine *Feldstaffelei* mit Leinwand oder Zeichenpapier...

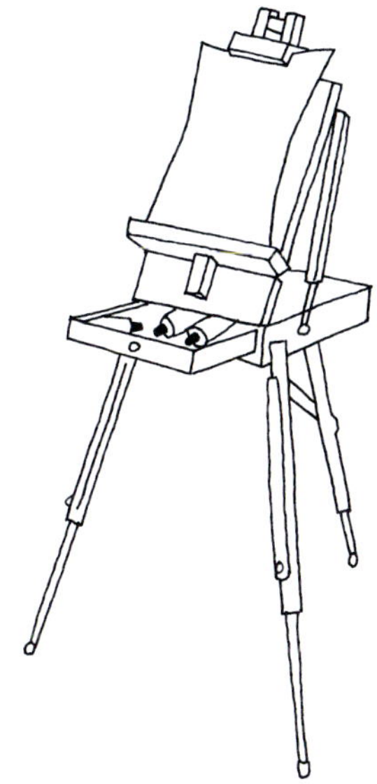

eine Menge *Farbtuben*...

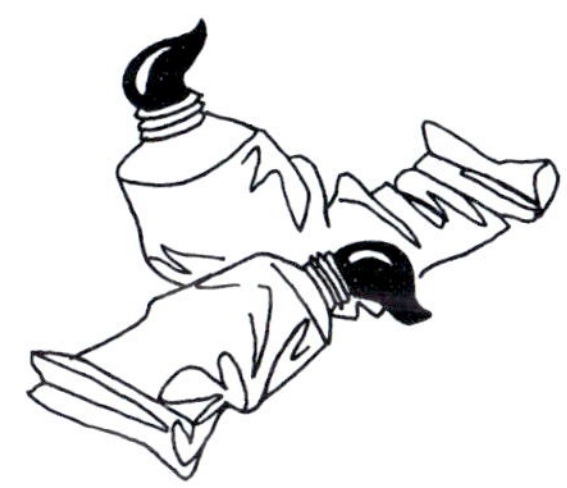

und eine *Palette,* auf der sie die Farben mischten.

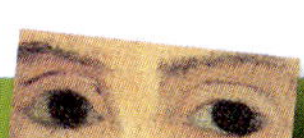

In der Malerei nutzt man unterschiedliche Farbmischungen. Früher wurden die pulverigen Pigmente mit Ei angerührt. Diese Farben nennt man *Tempera.* Der lateinische Begriff bedeutet „im richtigen Verhältnis mischen". Im 15. Jahrhundert kam dann die Ölfarbe auf. Man begann, die Pigmente mit Leinöl anzumischen. Dadurch werden die Farbteilchen mit einer durchsichtigen Schicht umgeben und leuchten besonders.

Farbpigmente

Christian Ludwig Bokelmann:
Auswanderer (1894)

„Glücklich, wer ein Landschaftsmaler!"

Frédéric Henriet über Charles Daubigny, 1857

Lilienthal – ein Kaufmann wird Künstler

Weil sein Vater es so entschied, musste Christian Ludwig Bokelmann eine Lehre zum Kaufmann machen, obwohl er viel lieber Maler werden wollte. Später setzte er seinen Wunsch doch durch und begann ein Studium in Düsseldorf. Schnell hatte er Erfolg und wurde 1873 auf der Weltausstellung in Wien mit einer Medaille ausgezeichnet.

Er war einer der ersten Maler, der in seinen Bildern auch von den Problemen des Lebens erzählte. Sein wohl bekanntestes Gemälde, *Auswanderer* zeigt Menschen, die in Deutschland keine Arbeit fanden und ihre Heimat verließen, um nach Amerika auszuwandern.

Bokelmann unterrichtete auch an den Akademien Düsseldorf und Karlsruhe. Einer seiner Schüler war der junge Fritz Mackensen, der spätere Gründer der Worpsweder Künstlerkolonie.

Französische Einflüsse

Obwohl es zwischen den Künstlern von Barbizon und den Malern aus deutschen Künstlerorten keinen Kontakt gab, kann man bei den Worpswedern Einflüsse der französischen Kollegen entdecken. So hat Hans am Ende ganz ähnlich gemalt wie der in Barbizon lebende Charles-François Daubigny. Schaut man sich Daubignys *Obstwiesen* und Hans am Endes *Frühlingstag* an, findet man die gleiche Stimmung und Malweise. Das zeigt sich schon in dem leichten, kurzen Pinselstrich und der Frische der Farben. Darum nennt man Hans am Ende auch den *Daubigny vom Weyerberge*.

Besonders für Otto Modersohn waren die Franzosen große Vorbilder. Nachdem er im Oktober 1888 in München Bilder von ihnen gesehen hatte, schrieb er in sein Tagebuch: *Ich schwärme für die Franzosen* (...). Er spricht von *wundervollen Corots und einem kleinen Daubigny,* die ihn *unendlich gefesselt* haben.

Der älteste Maler in Barbizon war Jean-Baptiste-Camille Corot (1796-1875). Er malte zum ersten Mal im Freien, um die Stimmung und das Licht in seinen Bildern einzufangen.

Corot gilt als Vorbild für die Impressionisten, denn er vertrat die Meinung, dass ein Künstler die Natur so darstellen sollte, wie er sie in dem Augenblick des Malens vor sich sah. Das Bild sollte also eine Momentaufnahme werden.

Das Vorbild Camille Corot

Camille Corot: Windstoß (um 1865, Ausschnitt)

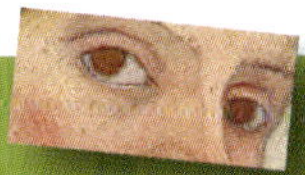

Charles Daubigny (1817-1878) malte besonders gern Obstbäume. Ab 1857 widmete er sich immer wieder diesem Motiv. Doch auch kleine Flüsse und Wälder findet man häufig in seinem Werk. Damit er der Natur besonders nahe war, ließ er sich ein Boot mit einem Atelier bauen. Damit konnte er bei jedem Wetter über die Flüsse Seine und Oise fahren und die Natur bei Tag und Nacht beobachten und malen.

Das Vorbild Daubigny

Charles Daubigny: Blühende Apfelbäume (1873)

Otto Modersohn:
Wolkenberge (um 1892)

„Die Aufgaben vor der Natur sind unendlich. Der Künstler muss vom Geheimnis gepackt werden.“

Fritz Mackensen

Auf in die Natur – Landschaftsmalerei

Landschaft sehen und genießen

Wenn wir einmal eine Reise vom Norden Deutschlands in den Süden unternehmen, können wir die Veränderung der Umwelt sehr gut erleben. Ganz im Norden finden wir die Küste mit dem Strand, dann erstreckt sich das flache weite Land, das allmählich hügeliger wird, bis wir schließlich im Süden ins Gebirge kommen. Diese verschiedenen Strukturen nennen wir Landschaft. Und wenn man sich auf eine Reise begibt, möchte man diese Landschaften beim Schwimmen, Bergsteigen oder Spazierengehen erleben und genießen.

Doch das war nicht immer so. Bis vor etwa 800 Jahren hatte die Natur für die Menschen noch eine ganz andere Bedeutung. Hier konnten sie ihre Nahrungsmittel finden, jagen oder Gemüse und Früchte suchen und anbauen. Außerdem wurde die Natur oft zu einer Bedrohung, wenn es ein Unwetter mit Blitz und Donner gab. Auf die Idee, die Landschaft zu genießen, kam niemand. Es war der italienische Dichter Francesco Petrarca, der 1335 zum ersten Mal einen Ausflug in die Natur unternahm. Er stieg auf einen Berg, um von dort die schöne Aussicht zu genießen. Die Hirten, die er unterwegs mit ihren Schafen traf, konnten nicht verstehen, dass er ganz ohne einen Nutzen diese Wanderung unternahm.

Mit seinem für die damalige Zeit ungewöhnlichen Ausflug öffnete Petrarca den Menschen die Augen für die Schönheit der Natur. Daraufhin kamen auch die Maler auf die Idee, sich mit der Landschaft zu beschäftigen. Zunächst war sie jedoch nur schmückendes Beiwerk, wenn biblische Geschichten im Bild erzählt wurden. Später hat man aus der Fantasie heraus idyllische Landschaften gemalt, die ein wenig an das Paradies erinnern. Erst die Niederländer im 17. Jahrhundert stellten die Landschaft dann genau so dar, wie sie in Wirklichkeit aussah. Dabei blieben sie aber immer noch im Atelier.

So vergingen also noch einige hundert Jahre, bis zuerst die Maler in Barbizon begannen, die Landschaft draußen vor der Natur ganz frei nach ihren eigenen Eindrücken zu malen. Und die Künstler in Worpswede, Lilienthal und Fischerhude folgten ihrem Beispiel! Auch wenn die Motive manchmal ähnlich waren, hat doch jeder von ihnen seinen eigenen Stil entwickelt.

links:
Heinrich Breling:
Kornernte (1910)

rechts:
Fritz Mackensen:
Herbst (1896)

Kornernte mit Heinrich Breling

Der Schnitter, der das Korn mit der Sense abmäht, wird in der Kunst häufig dargestellt. Man nennt ihn auch den Sensenmann, der als Symbol für den Tod steht.

Die *Kornernte* heißt dieses Bild, doch wir können nirgends einen Trecker mit einer Dreschmaschine entdecken. Was heute schnell mit Hilfe von Maschinen erledigt werden kann, mussten die Bauern damals per Hand mit einer großen Sense mühevoll schneiden. Ganz hinten rechts im Bild ist der Schnitter mit der Sense zu sehen. Die beiden Bauern vorne bündeln das Stroh und binden es zu Garben.

Besonders wichtig war dem Maler Breling die Darstellung der Frau mit dem Kind ganz vorn im Bild. Die Mutter blickt auf ihre Arbeit, hat aber trotzdem noch ihr Kind im Auge. Fröhlich streckt es die Hände aus, um tastend die Welt zu entdecken. Über der ganzen Szene liegt das warme Licht der Sonne, und so sieht das Bild gar nicht nach harter Arbeit auf dem Lande aus. Heinrich Breling war es vielmehr wichtiger, die Harmonie zwischen dem Menschen und der Natur darstellen. Dabei werden das Korn und das kleine Kind zu Symbolen für Wachstum und Leben.

Herbstspaziergang mit Fritz Mackensen

Fritz Mackensen lädt uns zu einem Spaziergang an einem bewölkten Herbsttag ein. Wir machen kurz Halt an einem der kleinen Wasserläufe, die man in Worpswede überall zwischen den Feldern und Wiesen findet.

Ganz typisch für die Gegend ist der braune, moorige Boden und die vom Sturm zerzauste Birke, die in dem feuchten Land gut wächst. Von unserem Rastplatz aus können wir die Worpsweder Mühle sehen und daneben ein typisches niedersächsisches Bauernhaus. Am Himmel ziehen düstere graue Wolken auf und verdrängen das helle Blau. Es könnte gleich Regen geben, so sollte man sich beeilen, ins Trockene zu kommen.

Fritz Mackensen wollte die Natur so darstellen, dass man beim Betrachten glaubt, mittendrin zu sein. Um das zu erreichen, sagte Mackensen einmal, sollte man seine Erfahrungen vor der Natur sammeln.

Hier in dem Käferkasten von Otto Modersohn scheint es zu flirren und zu krabbeln. Besonders deutlich sieht man die unterschiedlichen Farben der Käfer.

Käferkasten

Otto Modersohn: Lampionfahrt auf der Wümme (1911)

Otto Modersohn – Sammler von Insekten und Schmetterlingen

Wenn Otto Modersohn vor seiner Staffelei auf dem Weyerberg oder im Moor arbeitete, konnte es passieren, dass er plötzlich aufhörte zu malen und sich ins Gras hockte. Dort beobachtete er Käfer, Grashüpfer oder Schmetterlinge. Otto Modersohn sammelte Insekten und auch Pflanzen. Er steckte sie in Glaskästen und studierte genau ihre Farben. Danach mischte er dann seine eigenen Farben zum Malen an, denn sie sollten so natürlich wie möglich sein.

Otto Modersohn nennt man auch den Poeten unter den Malern, denn oft erscheinen seine Bilder wie kleine Geschichten, in denen die Landschaft, die Menschen und manchmal auch Tiere vorkommen. Hier bei dieser *Lampionfahrt auf der Wümme* kann man sich gut vorstellen, dass die Kinder vielleicht einen Geburtstag feiern, auf dem Boot ein kleines Picknick machen und im Licht der Laternen Lieder singen.

„Wahre, echte Kunst sollen meine Bilder einmal ausstrahlen, tiefes Naturgefühl …"

Otto Modersohn

Otto Modersohn wurde 1865 in Soest bei Münster geboren. Er studierte an der Akademie in Düsseldorf und kam 1889 nach Worpswede. Insgesamt drei Mal war er verheiratet. Die wohl berühmteste unter seinen Ehefrauen war Paula Modersohn-Becker. Als sie 1907 nach der Geburt der Tochter Mathilde starb, zog er nach Fischerhude. Dort heiratete er Louise Breling, die Tochter des Malers Heinrich Breling. Otto Modersohn starb 1943 nach kurzer Krankheit.

Otto Modersohn

Hans am Ende: Weites Land (1902)

Carl Vinnen: Moorlandschaft (1899)

Hans am Ende im weiten Land

Wenn Carl Vinnen ausstellt, feiert die Kunsthalle allemal ein Fest (...)
Bremer Tageblatt, 14. Februar 1901

Wenn man in der Landschaft um Worpswede spazieren geht, scheint es manchmal so, als würde das flache Land nie enden. Dieser scheinbar unendlich weite Horizont begeisterte die Maler damals sehr. Er gehört zu ihren wichtigsten Motiven. Hans am Ende hat diese Weite besonders eindrucksvoll auf eine sehr große Leinwand von 135 mal 200 Zentimetern gemalt. Die Horizontlinie legt er sehr weit untern im Bild an. Damit gibt er dem Himmel und den Wolken den größten Raum. So glaubt man fast, dass die Wolken über den braunen moorigen Boden ziehen.

Hans am Ende hat die Farbe hier etwas dicker aufgetragen als sonst, so dass sie manchmal erhaben auf der Leinwand liegt. Dadurch wirkt das Bild nicht so glatt, sondern sehr lebendig. Eigentlich malte Hans am Ende seine Landschaften ohne Menschen. Doch wenn wir ganz genau hinschauen, entdecken wir in diesem Bild hinten rechts einen Schäfer mit einem kleinen Hund. Im Verhältnis zur Landschaft sind sie ganz winzig. Hans am Ende will so die Macht und Größe der Natur gegenüber dem Menschen verdeutlichen.

Stürmischer Tag bei Carl Vinnen

Kräftig leuchtet das Blau zwischen den Wolken hervor, die an einem stürmischen Tag über die Wiesen ziehen. Carl Vinnen war bekannt für sein besonderes Blau, das er oft, wie hier, mit einem kräftigen Grün kombinierte. Der Maler gehörte zwar zu der Worpsweder Künstlerkolonie, doch hat er nie dort gelebt. Er war der Sohn eines wohlhabenden Bremer Reeders und hatte ein Atelier auf dem Gut seiner Eltern in Osterndorf bei Beverstedt. Ein zweites Atelier unterhielt er in München. So pendelte er immer zwischen der Stadt und dem Land hin und her. Gemalt hat er jedoch nur Motive vom Land. Dabei war er der einzige der Worpsweder Gruppe, der auch Tiere malte. Auf dem Gut seiner Eltern hielt er sich einige Kühe und Pferde, die ihm nur als Modelle dienten.

Fritz Overbeck: Herbstmorgen (1898)

Fritz Overbeck: Blühende Kastanien (1904)

Fritz Overbeck – still und heiter

Als einen Mann, der stark, breitschultrig und schweigsam war, beschrieb der Dichter Rainer Maria Rilke den Maler Fritz Overbeck. Rilke meinte, dass seine Bilder genauso schweigsam wirken wie der Künstler selbst. Vielleicht weil nie ein Mensch darin auftaucht. Und schauen wir uns das Bauernhaus an diesem sonnigen Herbstmorgen an, so scheint es hier wirklich ganz still zu sein. Vielleicht ist es ein Sonntag und die Menschen haben sich zurückgezogen, um sich von ihrer schweren Arbeit zu erholen.

Still und heiter zugleich ist es an einem schönen Frühlingstag auf der Kastanienallee. Hier bringt Fritz Overbeck die Farben besonders stark zum Leuchten. Dabei wird deutlich, dass sich der Maler von den französischen Impressionisten anregen ließ, um die Atmosphäre und das Licht dieses Tages einzufangen. Hier wird man fast in die Landschaft hineingezogen und hat das Gefühl, den Frühlingsduft tatsächlich riechen zu können.

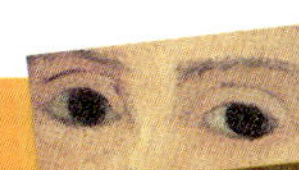

Fritz Overbeck war, genauso wie Otto Modersohn, ein Naturforscher. Als Kind durchstreifte er mit seinen Freunden die Umgebung um Blindschleichen und Eidechsen zu fangen und baute sich ein Terrarium. Sogar noch als erwachsener Mann hielt er sich einen Laubfrosch und beobachtete sein Verhalten.

Natur erforschen

Fritz Mackensen:
Der Säugling (1893)

Man betrachte dieses Bild.
Man präge sich diese ruhige Kontur
ein, den Ausdruck dieses Gesichtes,
auf dem die Arbeit verklingt,
um der Liebe Platz zu machen,
man sehe sich diese Hände an,
wie sie sich groß und ruhend über
dem Kinde schließen (...)

Rainer Maria Rilke,
Worpswede, 1903

Bilder vom Menschen

Fritz Mackensen und Paula Modersohn-Becker

Fritz Mackensen:
Alte Frau beim Spinnen
(Kreidezeichnung, 1890)

Fritz Mackensen und das Leben der Bauern

Schon als kleiner Junge begann Fritz Mackensen die Bauern seiner Umgebung zu zeichnen. Während seiner Studienjahre entschied er dann, dass sein Thema vor allem der Mensch sein soll. Dabei interessierten ihn die einfachen Menschen aus der Landbevölkerung. Als er bei seinem ersten Besuch in Worpswede an einem Sonntag einen Streifzug durch ein benachbartes Dorf unternahm, stieß er auf einen Gottesdienst. Das Besondere war, dass er unter freiem Himmel stattfand. Der junge Fritz Mackensen war von dieser Szene stark beeindruckt, griff zu Bleistift und Papier und skizzierte das, was er sah. Noch am selben Abend schrieb er in einem Brief an einen Freund: *Ich bin ganz selig in dem Gedanken, später ein Bild davon malen zu können.* Mehrere Jahre arbeitete Mackensen dann an diesem Gemälde eines Gottesdienstes unter freiem Himmel. Für jede einzelne Figur suchte er sich Modelle. Wenn wir uns das Gemälde auf der übernächsten Seite anschauen, können wir feststellen, dass Gesichter und die Haltung jedes Einzelnen viel über sein Leben aussagen.

Als Fritz Mackensen gemeinsam mit seinen Worpsweder Kollegen 1895 den fertigen *Gottesdienst im Freien* auf der *Jahresausstellung von Kunstwerken aller Nationen* im Glaspalast in München präsentierte, wurde er dafür mit der Goldmedaille ausgezeichnet. Ein Jahr später erhielt er in Berlin die Kleine Goldene Medaille, 1898 in Wien die Große Goldene Staatsmedaille – ein erfolgreicher Maler!

Fritz Mackensen studierte das Leben der einfachen Menschen und Moorbauern sehr genau. Das spürt man auch, wenn man sich das Gemälde *Der Säugling* anschaut. Dargestellt ist eine junge Bauersfrau, die inmitten des Moores auf einem Karren sitzt und ihr Kind stillt. Mensch und Natur bilden hier eine Einheit. Bekannt ist das Bild auch als *Worpsweder Madonna,* weil es in der Art, wie Mackensen Mutter und Kind malt, an Maria mit dem Jesuskind erinnert.

Heute kennen wir *Goldmedaillen* von den Olympischen Spielen. Damals wurden sie auch als Auszeichnung für besondere Verdienste und Leistungen auf dem Gebiet der Kunst oder der Wissenschaft verliehen.

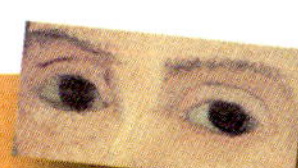

Fritz Mackensen (1866-1953) war der Begründer der Künstlerkolonie Worpswede. 1866 wurde er in Greene bei Braunschweig geboren. Sein Thema sind die Worpsweder Menschen. 1908 nahm er eine Professur an der großherzoglichen Akademie in Weimar an. Erst 1918 kehrte er nach Worpswede zurück. Nach dem Zweiten Weltkrieg warf man ihm vor, seine Kunst zu sehr in den Dienst der Nationalsozialisten gestellt zu haben. 1953 starb Fritz Mackensen in einem Krankenhaus in Bremen.

Fritz Mackensen

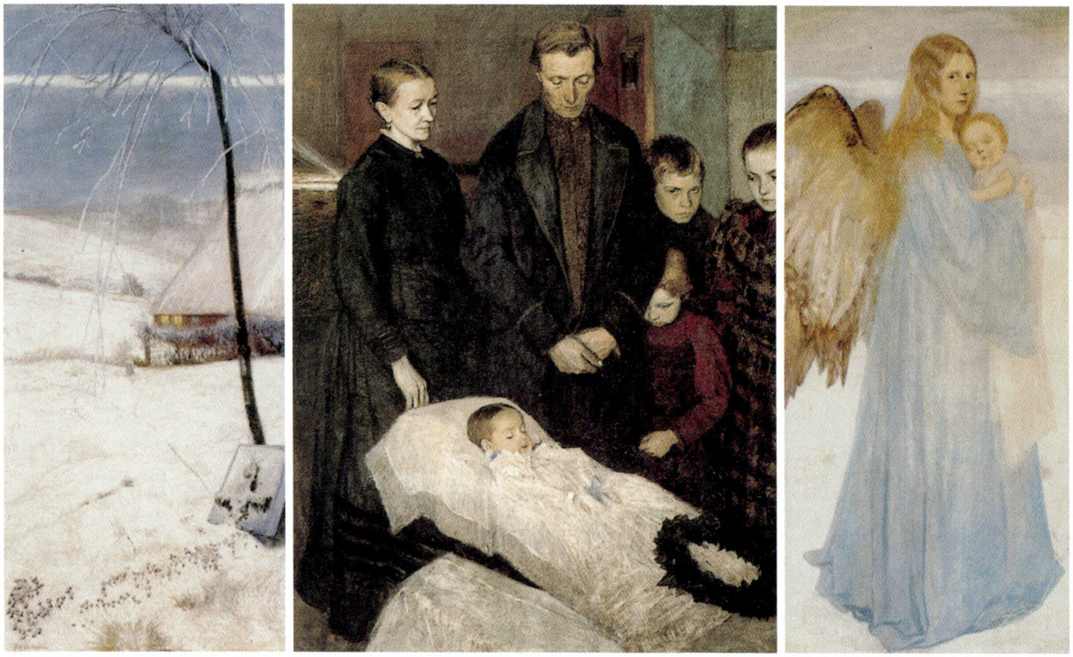

Fritz Mackensen:
Trauernde Familie (1896)

Schon im Mittelalter malten Künstler auf Holztafeln *Triptychen,* die die Altäre der Kirchen schmückten. Auf ihnen stellten sie das Leben und Sterben von Jesus Christus dar. Die Seitenflügel waren beweglich und ließen sich zuklappen. Nur an Sonn- und Feiertagen wurden sie geöffnet, und die Malereien kamen zum Vorschein.

Von Tod und Trauer

Fritz Mackensen beschäftigte sich auch mit dem Thema Tod. So stellte er in dem Triptychon *Trauernde Familie* den Tod eines kleinen Mädchens dar. Ein Triptychon ist ein Bild, das aus drei Teilen besteht, einer Mitteltafel und zwei, meist kleineren, Seitenflügeln. Auf der Mitteltafel steht hier eine Familie um den Sarg eines kleinen Mädchens herum. Die Trauer und der Schmerz sind von ihren Gesichtern abzulesen.

Der rechte Seitenflügel zeigt einen Engel mit einem Kind auf dem Arm. Der Titel verrät uns, dass es sich um einen Todesengel handelt. Das Grab des Kindes finden wir auf dem linken Seitenflügel. Eine dicke Schneeschicht liegt darauf. Im Hintergrund sehen wir ein Bauernhaus, in dem Licht brennt. Ob dort wohl die Familie des toten Kindes wohnt? Ob sie noch immer so traurig ist?

Bei Mackensen lernt man Menschen malen

Einen Ruf hatte sich Fritz Mackensen vor allem als Lehrer erworben. So nahm auch die junge Paula Becker, wie sie vor ihrer Heirat mit Otto Modersohn noch hieß, in Worpswede Unterricht beim „großen" Mackensen. Sie traf dort auf die Künstlerkolleginnen Marie Bock, Clara Westhoff und Ottilie Reylaender, die ebenfalls seine Schülerinnen waren. *Mackensen kommt alle paar Tage und gibt eine famose Korrektur,* schrieb Paula Becker 1898 begeistert in ihr Tagebuch. Abends erteilte er ihnen Aktstunden, wo sie unter seiner Anleitung arbeiteten.

Da sich Paula Becker schon während ihres Studiums in Berlin intensiv mit dem Aktzeichnen beschäftigt hatte, beherrschte sie die Proportionen und Bewegungsabläufe des menschlichen Körpers sehr gut. Wenn sie keinen Unterricht hatte, zeichnete sie trotz-

Fritz Mackensen: Gottesdienst im Freien (1895)

Bei dem Bild *Der Gottesdienst im Freien* von 1895 entschied sich Mackensen mit 2,35 mal 3,67 Meter für ein überdimensional großes Format. Da er zum Malen keinen Raum finden konnte, der groß genug war, um das Bild stellen zu können, lehnte er es einfach an eine Friedhofsmauer und arbeitete bei Wind und Wetter draußen.

Ob auf dem leeren Stuhl vorne links wohl Fritz Mackensen gesessen hat?

Ist das riesig!

dem fleißig weiter. Wie ihr Lehrer, so suchte auch sie sich dafür ihre Modelle auf den Bauernhöfen und im Armenhaus. Anfangs war sie von Fritz Mackensen noch tief beeindruckt, doch schon bald veränderte sich ihre Einstellung zu ihm. Auch spürte sie, dass er mit ihrer Art zu malen unzufrieden war. Fritz Mackensen verlangte in seinem Unterricht, die Natur und die Menschen ganz genau wiederzugeben. Paula Becker jedoch legte schnell keinen Wert mehr darauf, naturgetreu zu malen. Sie vereinfachte die Formen sehr stark und stellte die Menschen und ihre Umgebung flächig dar. Perspektive spielte für sie keine große Rolle. *Wie Mackensen die Leute hier auffasst ist mir nicht groß genug, zu genrehaft,* vertraut sie ihrem Tagebuch 1902 an.

Ihre Vorbilder waren nun die modernen französischen Maler in Paris, die sie auf ihren Reisen in die Kunsthauptstadt kennen gelernt hatte.

„Er versteht die Bauern durch und durch."

Paula Becker über Fritz Mackensen

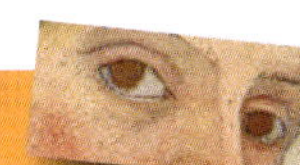

Ein Ausschnitt aus Fritz Mackensens *Gottesdienst im Freien:* Dem alten Mann im Vordergrund sieht man an, dass er sein Leben lang hart gearbeitet hat. Seine Haltung ist ganz gebückt.

Der alte Mann

Paula Modersohn-Becker:
Elsbeth zwischen Feuerlilien
(1907)

Zwischen diesen beiden Bildern liegen fast zweitausend Jahre... Doch Paula Modersohn-Becker fand die Darstellungsweise der ägyptischen Mumienbildnisse sehr modern.

Der Vergleich zeigt, wie sehr sie sich daran orientierte.

Ägyptische Vorbilder

Porträt einer jungen Frau
(um 160-180 n. Chr.)

Paula Modersohn-Becker:
Selbstbildnis mit Kette (1903)

In vielen Kinderbildnissen begegnet uns auch die kleine Elsbeth (Bild oben links). Sie war die Tochter Otto Modersohns aus erster Ehe. Im Jahr 1900 verstarb seine Frau an Tuberkulose. Kurze Zeit später heiratete er Paula Becker und brachte Elsbeth mit in die Ehe.

Warum malt Paula nur so viele Kinder?

Paula Modersohn-Becker hat während ihres nur kurzen Lebens immer wieder Kinder dargestellt. Ein Grund dafür war sicherlich ein ganz praktischer: Kinder gab es auf den Bauernhöfen in Worpswede viele. Paula Modersohn-Becker musste also nicht lange nach Modellen suchen. Hinzu kam, dass sie den Kindern für das Modellsitzen nur wenig Geld bezahlen musste.

Nicht nur Paula Modersohn-Becker hat viele Kinder gemalt, auch andere Künstler machten das um diese Zeit. Das hatte damit zu tun, dass man sich in der Pädagogik und in der Psychologie mit Kindern beschäftigte und begann, sie mit anderen Augen zu sehen. So schrieb z. B. im Jahr 1900 die schwedische Pädagogin Ellen Key das Buch *Das Jahrhundert des Kindes,* in dem sie sich über die Erziehung von Kindern Gedanken machte. Damals wurden Kinder allgemein noch als kleine Erwachsene angesehen, die ebenfalls auch schwer arbeiten mussten und eigentlich nicht spielen durften. Ellen Key forderte, dass Kinder auch wie Kinder behandelt werden sollten. Die Diskussion regte viele Künstler an, Kinder nun anders darzustellen. Paula Modersohn-Becker ging es in ihrer Arbeit nie darum, Kinder als niedliche Wesen zu malen. Immer wieder wurde ihr sogar vorgeworfen, sie würde sie hässlich malen... Dabei wollte sie nur die Seele und das Wesen der Kinder erkunden und dieses auf die Leinwand bringen.

Ich Ich Ich – Selbstporträts bei Paula Modersohn-Becker

Kaum zu glauben, aber Paula Modersohn-Becker malte während ihres nur kurzen Lebens über 30 Selbstbildnisse! Sie betrachtete sich im Spiegel und versuchte ihr Gegenüber zu erforschen. Seit Mitte des 19. Jahrhunderts waren Selbstporträts bei Künstlern sehr beliebt. So stellten sich Vincent van Gogh, Paul Gauguin, Edvard Munch, Max Liebermann oder Pablo Picasso unzählige Male selbst dar.

Und warum malt sich Paula Modersohn-Becker nun eigentlich immer mit so großen braunen Augen, die so traurig aussehen? Die Idee dazu bekam sie bei einem Besuch im Louvre in Paris. Sie sah damals ägyptische Mumienbildnisse. Das sind Porträts, die auf Holztafeln gemalt wurden. Im alten Ägypten ließen die Menschen, die es sich leisten konnten, sich nach ihrem Tod mumifizieren. Noch zu Lebzeiten gaben sie ein Porträt in Auftrag, das später in einer von den Mumienbinden ausgesparten Öffnung vor ihrem Gesicht angebracht wurde. Paula Modersohn-Becker war von der Art, wie einfach diese Bildnisse gemalt waren, begeistert und begann, ähnlich zu arbeiten. Fasziniert war sie wohl auch von der eigenartigen Verbindung von Leben und Tod.

Akt und nackt – Selbstbildnis am sechsten Hochzeitstag

Fragend schaut sie uns an. Kleider trägt sie keine. Nur ein Tuch umhüllt ihre Hüften und eine lange Kette schmückt ihren Hals. Die Rede ist von Paula Modersohn-Becker. Als sie sich 1906 lebensgroß so darstellte, war das sehr mutig von ihr, denn sie war die erste Frau, die es wagte, sich selbst im Akt zu malen. Ihre Arme umfassen ihren gewölbten Bauch, so dass es aussieht, als wäre sie schwanger. In Wirklichkeit war sie dieses jedoch nicht, als das Gemälde entstand. Sie lebte gerade in Paris und hatte den Entschluss gefasst, sich von ihrem Ehemann Otto Modersohn zu trennen. Wahrscheinlich wollte sie mit der Darstellung darauf hinweisen, dass die Frau sowohl eine Künstlerin sein kann als auch imstande ist, Kinder zu gebären. Was für uns heute normal ist, war in der damaligen Zeit durchaus nicht üblich.

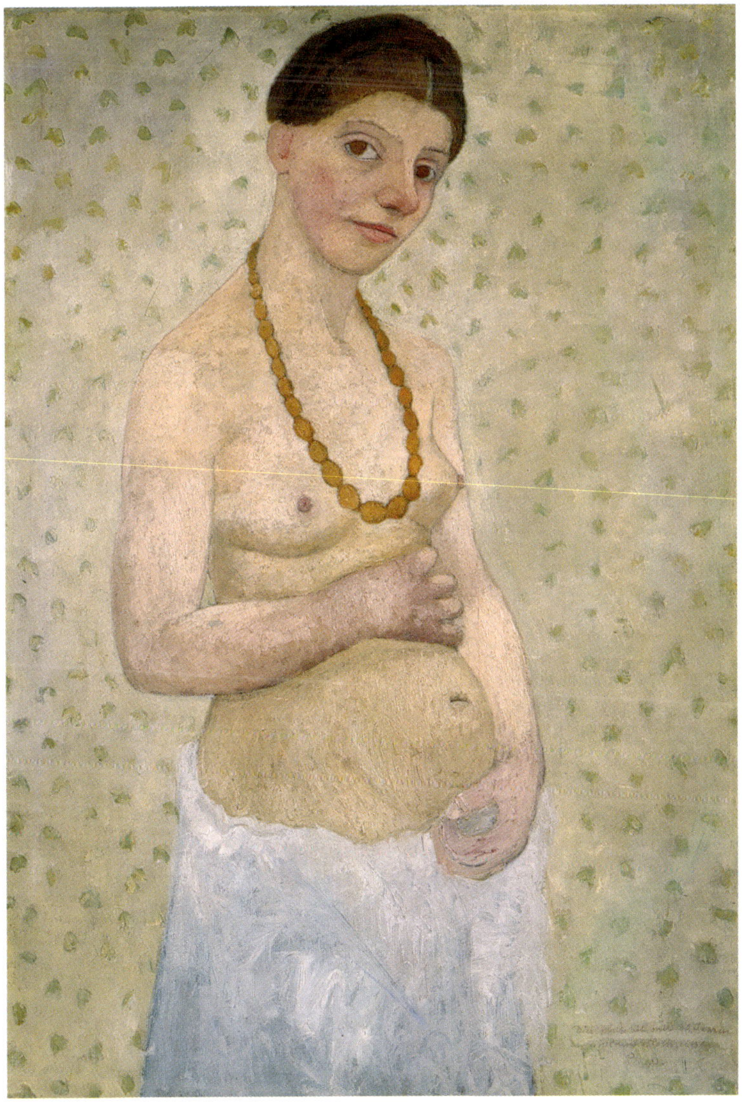

Paula Modersohn-Becker: Selbstbildnis (1906)

„Menschenmalen geht doch schöner als eine Landschaft.“

Paula Modersohn-Becker, August 1897

Paula Modersohn-Becker:
Stillleben mit Äpfeln und Bananen (um 1906)

Pieter Claesz:
Stillleben (1647)

Schinken, Äpfel und Blumen: Stillleben

Von Totenköpfen und mehr ...

Woher kommt eigentlich der Begriff Stillleben? Ist da etwa alles ganz still im Bild? – Tatsächlich geht es in dieser Bildgattung um die Darstellung unbewegter oder lebloser Gegenstände, wie z. B. Blumen, Vasen, Früchte oder Bücher. Der Künstler trifft daraus eine Auswahl und arrangiert das Ganze nach seinen eigenen Vorstellungen. Dann beginnt er mit dem Malen. Ob es sich um ein Frühstücksstillleben, ein Jagdstillleben, ein Früchtestillleben oder aber ein Blumenstillleben handelt, hängt davon ab, was der Maler denn nun auf dem Bild zeigt.

Beliebt waren auch so genannte Vanitas-Stillleben. Bei dieser Gattung geht es darum, die Menschen an den Tod zu mahnen. So sollen Totenköpfe, verblühte Blumen oder eine verloschene Kerze auf die Vergänglichkeit des Lebens hinweisen.

Besonders viele Stillleben entstanden im 17. Jahrhundert in den Niederlanden. Wenn wir uns das *Stillleben* von Pieter Claesz aus dem Jahre 1647 anschauen, fällt auf, wie sehr der Künstler sich bemühte, die Tischdecke, das Weinglas und den Krug genau darzustellen. Ganz echt wirken die fettige Schwarte auf dem Schinken und das Schimmern der Schuppen auf dem Fisch. Fast so, als hätten wir ein Foto vor uns! Doch den alten niederländischen Malern ging es in ihren Bildern nicht nur um die genaue Abbildung der Gegenstände, sie wollten zugleich versteckte Botschaften mitteilen.

So hatten die dargestellten Speisen oftmals auch noch eine symbolische Bedeutung. In dem Gemälde von Pieter Claesz sollen der Wein und das Brot auf das Abendmahl hinweisen. Die Früchte, die wir in der Ecke entdecken können, stehen mit ihrem dunklen Saft für das Blut von Jesus Christus und damit für seinen Leidensweg.

Bis zum Ende des 19. Jahrhunderts bemühten sich die Künstler noch, die Dinge möglichst naturgetreu wiederzugeben. Das änderte sich zu Beginn des 20. Jahrhunderts! Maler wie der Franzose Paul Cézanne fingen plötzlich an, mit dem Stillleben zu experimentieren. So malte er die einzelnen Gegenstände mit breiten kräftigen Pinselstrichen. Auch hielt er sich nicht mehr an die Perspektive. Den Raum und die Motive stellte er aus verschiedenen Richtungen dar. Ganz irritiert sind wir beim Betrachten solcher Bilder! Und das wollte Cézanne auch erreichen...

Bei einem Stillleben, das so realistisch gemalt ist, dass es aussieht, als lägen die Gegenstände tatsächlich vor uns, spricht man von einem *Tromp l'œil*. Der Begriff kommt aus dem Französischen und bedeutet übersetzt „Augentäuschung".

Sehr deutlich kann man in diesem Stillleben von Paula Modersohn-Becker die schwarze Konturlinie sehen, die sie in Werken von Bernard und Gauguin in Paris entdeckt hatte.

Die schwarze Linie

Paula Modersohn-Becker:
Stillleben mit Birnen und Eierbecher (um 1905)

Sophie Bötjer-Mallet:
Gladiolen (um 1950)

Worpswede und das Stillleben

***Nabis* ist ein hebräisches Wort und lautet übersetzt „Propheten" oder auch „Erleuchtete". Der Franzose Maurice Denis und seine Künstlerkollegen wählten für sich diesen Namen, weil sie damit deutlich machen wollten, dass sie sich als Künstlerpropheten sahen, die die Malerei erneuern wollten.**

Und bei den Worpsweder Malern? Denkt man an Stillleben, dann fällt einem sofort Paula Modersohn-Becker ein. Ihre Stillleben zählen heute zu ihren modernsten Werken. Während ihres nur kurzen Lebens schuf Paula Modersohn-Becker rund 70 Bilder dieser Gattung. Beim Malen orientierte sie sich an der neuen französischen Malerei, die sie in Paris sah. Besonders wichtig war ihr der schon erwähnte Künstler Paul Cézanne. Wie er, begann auch sie, die Gegenstände in einem Bild einmal von oben und dann wieder von der Seite darzustellen. Wenn man sich das *Stillleben mit Äpfeln und Bananen* am Kapitelanfang anschaut, hat man das Gefühl, gleich rutschen der Korb und die Früchte aus dem Bild heraus!

Ganz begeistert war Paula Modersohn-Becker auch von einer Gruppe von Künstlern, die sich *Nabis* nannten. Ihre Art, die Bildgegenstände ganz flach zu malen, beeindruckte sie sehr. Und was hat es mit dieser schwarzen Linie auf sich, mit der sie in einigen Werken die Vasen, Eierbecher oder Früchte umrandete? Die hatte sie bei den Künstlern Émile Bernard und Paul Gauguin in Paris gesehen. Bernard und Gauguin waren in Pont Aven in der Bretagne auf die Idee gekommen, dass eine solche schwarze Umrahmung die Farben besonders zum Leuchten bringt. Angeregt wurden sie dazu von alten Kirchenfenstern, in denen schwarze Bleistege die einzelnen farbigen Glasflächen voneinander trennen. In der Malerei wird dieser Stil *Cloisonnismus* genannt.

Anders als Paula Modernsohn-Becker zog es die 1887 in Worpswede geborene Künstlerin Sophie Bötjer-Mallet nie in die französische Hauptstadt. Sie verließ ihren Heimatort nur, um für zwei Jahre in Halle an der Kunstgewerbeschule zu studieren. Nachdem sich Sophie Bötjer-Mallet zunächst ausschließlich mit dem Kunstgewerbe beschäftigt hatte, malte sie später mit Vorliebe Blumenstillleben. Wie ihr Lehrer Albert Schiestl-Arding trug sie die Farbe ganz dick mit dem Malspachtel oder sogar dem Finger auf die Leinwand auf.

Otto Modersohn: Blumenstillleben

Besonders berühmt wurde Paul Cézanne für seine Stillleben. In diesem Stillleben blicken wir auf einen Tisch mit einem Teller und Äpfeln darauf. Dahinter befindet sich ein Steinkrug.

Aber worauf steht der eigentlich? Ist das der Fußboden oder eine Verlängerung des Tisches? Paul Cézanne spielt mit unseren Sehgewohnheiten.

Cézanne – Vater der Moderne

Paul Cézanne: Steingutkrug (1893/94, Ausschnitt)

Fischerhude und seine Blumenbilder

Dass Otto Modersohn nach dem Tod seiner zweiten Frau Paula Modersohn-Becker nach Fischerhude zog, haben wir ja schon erzählt... Nicht aber, dass er neben Landschaftsbildern auch viele Stillleben malte, ab 1930 mit Vorliebe Blumensträuße. In sein Tagebuch notierte er 1933: *Ich entwickelte immer mehr einen eigenen Stil für Blumensträuße. Sie werden immer reicher, geheimnisvoller. So ein Strauß ist eine Wunderwelt, phantastischer als die Natur da draußen, eine Märchenwelt. Gern male ich auch bei elektrisch Licht, nur muß man sich vor starken Effekten hüten.*

Johanna Eißler, die als Haushaltshilfe zu den Modersohns kam, ließ sich von der künstlerischen Atmosphäre anstecken. Immer, wenn die Zeit es ihr neben der Hausarbeit erlaubte, griff sie zum Pinsel. Auch ihre Lieblingsmotive waren Blumen. In ihren Blumenstillleben ging es ihr nicht um die naturgetreue Wiedergabe, sondern darum, die Form ganz einfach darzustellen.

Albert Schiestl-Arding: Stillleben mit Büchern und Krügen (1929)

Hans am Ende:
Birkenwäldchen (Radierung, 1897)

„Von ihm haben wir alle erst das Radieren gelernt“

Fritz Mackensen über Hans am Ende

Jetzt wird gedruckt!

Hoch, tief und flach …

Nachdem wir uns bisher ausschließlich mit Malerei beschäftigt haben, soll es nun um die Druckgrafik gehen. Was versteht man eigentlich unter diesem Begriff? Man spricht von Druckgrafik, wenn es um künstlerische Arbeiten geht, die mit Hilfe von Druckplatten in einem bestimmten technischen Verfahren hergestellt werden.

Unterschieden wird zwischen Hochdruck, Tiefdruck und Flachdruck. Für den Künstler hat die Druckgrafik den Vorteil, dass er nicht nur ein Exemplar seines Kunstwerkes hat, sondern gleich eine ganze Reihe drucken kann. Er selbst legt fest, wie groß die Auflage sein soll.

Schwierig bei der Druckgrafik ist, dass der Künstler bedenken muss, dass das gedruckte Werk am Ende spiegelverkehrt erscheint. In der Kunstgeschichte spielte die Druckgrafik im Vergleich zu den beiden anderen bildnerischen Gattungen, der Malerei und der Bildhauerkunst, einmal eine herausragende, dann wieder eine eher untergeordnete Rolle.

links:
Heinrich Vogeler:
Titel der Radierungsmappe
Vom Weyerberg (1895)

rechts:
Die Worpsweder
Künstlerpresse

Heinrich Vogeler:
Im Frühling
(Radierung, 1897)

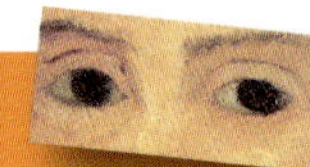

Wer ist eigentlich die schöne junge Frau, die immer wieder in Heinrich Vogelers Werken zu sehen ist? Es handelt sich um Vogelers Ehefrau Martha. Er begegnete ihr zum ersten Mal, als sie erst vierzehn Jahre alt war. Von diesem Zeitpunkt an entwickelte sich zwischen beiden eine enge Freundschaft.

Die geheimnisvolle Schöne

Radierungen vom Weyerberg

Märchen sind frei erfundene Geschichten. Sie gab es zu allen Zeiten und bei allen Völkern dieser Welt. In Deutschland haben die Gebrüder Grimm Märchen gesammelt und aufgeschrieben. Zu ihren bekanntesten gehören u. a.: _Der Froschkönig, Dornröschen, Schneewittchen, Aschenputtel, Frau Holle_ und _Hänsel und Gretel._

Als die Worpsweder Maler am Ende des 19. Jahrhunderts begannen, druckgrafisch zu arbeiten, war die Beschäftigung mit der Druckgrafik gerade sehr modern. Die Worpsweder interessierten sich vor allem für die Radierung.

Die Radierung, die auch Ätzkunst genannt wird, ist eines der Tiefdruckverfahren. Verwendet wird eine Metallplatte, die der Künstler mit einer säurefesten Schicht überzieht. In diese kratzt er mit einer spitzen Metallnadel seine Zeichnung. Dieser Vorgang gibt der Technik auch ihren Namen, denn *kratzen* heißt auf Lateinisch *radere*. Die Linien der Zeichnung haben nun die säurefeste Schicht beschädigt. Legt man die Platte anschließend in ein Säurebad, kann die Säure genau an den Stellen der Zeichnung tiefe Linien in die Druckplatte ätzen.

Nach Entfernen des säurefesten Grundes arbeitet der Künstler mit Lederstempeln, Walzen oder Läppchen Druckerschwärze in die tief liegenden Linien der Zeichnung. Aus diesem Grund spricht man auch von einem Tiefdruckverfahren. Ist dieses geschafft, muss die überschüssige Farbe vorsichtig von der Platte entfernt werden. Danach kann der Druck mittels einer Druckpresse erfolgen.

In Worpswede gab Hans am Ende den Anstoß, sich mit der Radierung zu beschäftigen. Er hatte während seiner Akademiezeit in München diese Technik durch den Maler und Kupferstecher Joseph Michael Holzapfl kennen gelernt und leitete in Worpswede seine Malerkollegen an.

Als Hans am Ende 1895 gemeinsam mit den anderen Worpswedern erstmals in der Kunsthalle Bremen ausstellte, wurde er besonders für seine Radierungen gelobt: *Eine gleich vornehme Künstlernatur ist Hans am Ende. In seinen Radierungen zeigt er die volle künstlerische Beherrschung des Stoffes und Materials. Jeder Strich ist wohl überlegt, jeder Tonwerth vom direkten Licht bis zum absoluten Dunkel ist (...) getroffen und an der richtigen Stelle, und gerade in diesen Originalradierungen zeigt er die völlige bewusste*

Heinrich Vogeler: Die 7 Raben (Radierung, 1895)

Heinrich Vogeler: Froschkönig (Radierung, 1896)

Klarheit über die Bedingungen und über die Grenzen der Griffelkunst.

Bekannt ist Hans am Ende auch für seine außergewöhnlich großen Formate geworden, die handwerkliches Können voraussetzen. Er selbst nannte sie seine *langen Radierungen*. 1896 zeichnete man ihn in Wien sogar aufgrund seiner Radierkunst mit der Goldmedaille aus. Neben Hans am Ende machten sich vor allem Fritz Overbeck und Heinrich Vogeler als Radierer einen Namen. Wie Hans am Ende stellte auch Fritz Overbeck in seiner Grafik gern die weite Worpsweder Landschaft mit ihren Birken, Moorkaten und Kanälen realistisch dar. Er hatte schon als Student in Düsseldorf erste Radierversuche unternommen. Wie experimentierfreudig er in dieser Technik war, zeigt sich darin, dass er sogar versuchte, mit Zigarrenasche ganz besondere Hell-Dunkel-Effekte zu erzielen.

Heinrich Vogeler erinnert sich in seiner Biografie noch sehr genau, wie Hans am Ende ihn dazu brachte, zur Radiernadel zu greifen. *Ich durchstreifte mit meinen Skizzen unter dem Arm das Moor und die weite Wiesenlandschaft. Ich zeichnete Naturstudien und Phantasiekompositionen, deren Inhalt Märchenmotive waren(...). An einem der nächsten Tage sah der Radierer Hans am Ende das Skizzenbuch und war ganz überrascht. – „Aber das müssen Sie alles mit der Nadel in Kupfer radieren. Ich zeige Ihnen, wie man das macht." – Ich bekam von ihm Platte und Radiernadeln, lernte von dem älteren Freund die Zubereitung der Platten, die Technik der Radierung und das Drucken.*

Von diesem Zeitpunkt war Heinrich Vogeler von den Möglichkeiten der Radierung fasziniert! Mit Vorliebe schuf er fantasievoll-träumerische Szenen, die von Frühling und Liebe handeln. Auch Märchen hatten es ihm angetan. Wunderschön sind seine Grafiken zu Dornröschen, den Sieben Raben oder dem Froschkönig. Sich genau an die Märchenvorlage zu halten, war Heinrich Vogeler beim Radieren nicht wichtig. Gern versetzte er die Geschichten in die Worpsweder Landschaft, so tauchen z. B. immer wieder die für Worpswede so typischen Birken als Hintergrund auf.

So entsteht eine *Radierung:*

In die mit einer säurefesten Schicht überzogene *Metallplatte...*

...wird mit der *Radiernadel* das Motiv eingekratzt.

Die so freigelegten Stellen werden im *Säurebad* in die Metallplatte geätzt.

Fritz Overbeck:
Die Windmühle (Radierung, 1893)

Heinrich Vogeler:
Dornröschen (Radierung, 1897)

Mit dem *Ledertampon* reibt man die Druckfarbe in die eingeätzten Vertiefungen.

Dann kann das Motiv auf der Metallplatte mit einer *Druckerpresse* auf Papier übertragen werden.

Bearbeiten einer Holzplatte für den *Holzschnitt*

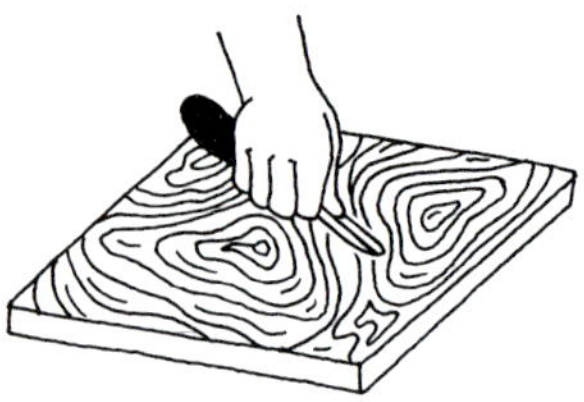

Hohlmesser und *Farbwalze* sind Werkzeuge für den *Holz-* oder den *Linolschnitt*

Bei einer *Lithografie* wird mit fetthaltiger Kreide oder Farbe auf einem speziellen *Lithostein* gearbeitet.

1895 riefen die ersten Worpsweder Maler den *Verein für Original-Radirung vom Weyerberg* ins Leben und zeigten damit auch, wie begeistert sie von der Drucktechnik waren. Otto Modersohn jedoch schloss sich dem Verein nicht an! Er fand keinen Reiz in der Radierung oder Grafik. 1896 kauften die Worpsweder gemeinsam eine Druckpresse, die ihren Platz im Barkenhoff fand. 1920 gründete dann der Künstler Martin Paul Müller die *Worpsweder Künstlerpresse*. Bis 1998 war sie noch ein wichtiges Zentrum der Druckkunst in Worpswede.

Hochdruckverfahren: Holz- und Linolschnitt

Der Hochdruck ist das älteste druckgrafische Verfahren. Anders als beim Tiefdruck werden hier die hoch stehenden Teile der Druckplatte abgedruckt: Wir kennen die Vorgehensweise vom Kartoffeldruck. Alles, was nicht zum Bild gehören soll, muss aus der Holz- oder der Linolplatte mit Hilfe von Werkzeugen entfernt werden.

Mit dem Berliner Georg Tappert kam 1906 ein Künstler nach Worpswede, der expressionistisch arbeitete. Im Expressionismus ging es den Künstlern nicht darum, möglichst realistisch die Natur wiederzugeben. Nein – nun war das Gefühl ausschlaggebend. Statt die Landschaft und die Menschen naturgetreu zu schildern, war es nun modern zu zeigen, was beim Beobachten empfunden wurde.

Georg Tapperts Holzschnitte sind in schwarze und weiße Flächen gegliedert. Wenn er einen Bauernhof oder die Torfkähne auf der Hamme in Holz schnitt, dann verzichtete er auf alle Details. Die Art, wie er arbeitete, wird auch *expressiv* genannt. Damit ist gemeint, dass er großen Wert auf einen starken Ausdruck legte.

Flachdruck: Lithografie

Bei der Lithografie wird ein Solnhofener Kalkstein verwendet. Zugrunde liegt diesem Druckverfahren die Erkenntnis, dass die mit fetter Farbe bearbeiteten

Hans am Ende: Ätzproben aus dem Werkstattbuch

Georg Tappert: Bauernhof in Worpswede (Holzschnitt, 1907)

Stellen des Steines Wasser abstoßen, aber fette Druckerschwärze annehmen. Umgekehrt stoßt der Stein, wo er mit Wasser behandelt wurde, fette Farbe ab.

Zunächst trägt der Künstler die Zeichnung mit fetter Kreide oder Farbe auf. Darauf folgt eine chemische Behandlung des Steins. Der Fettanteil der Farbe dringt tief in die Steinporen ein. Danach wird die Zeichnung mit einem terpentingetränkten Lappen entfernt. Das Bild verschwindet scheinbar auf der Steinplatte, doch die Fettanteile darin warten auf die Druckerschwärze. Mit einer Lederwalze wird nun die Farbe auf den Stein gerollt. Die fetthaltigen Stellen nehmen die Farbe an und wie durch Zauberei erscheint die Zeichnung für den Druck bereit auf dem Stein.

Da es bei diesem Verfahren weder Erhöhungen noch Vertiefungen gibt, spricht man von einem Flachdruckverfahren. In Worpswede arbeiteten unter anderem der Künstler Karl Jakob Hirsch oder auch Bernhard Hoetger in dieser Technik.

Bernhard Hoetger: o.T. (Lithografie, 1923)

Bernhard Hoetger:
Keksdose (1918)

Bernhard Hoetger hatte mit seinem Kunsthandwerk so viel Erfolg, dass er sogar von der Firma Bahlsen den Auftrag erhielt, Keksdosen zu entwerfen.

Kunsthandwerk

Schöne Dinge für den Alltag

Martha Vogeler: Korbmöbel

Heinrich Vogeler – vom Löffel bis zum Stuhl

Als Heinrich Vogeler noch ein kleiner Junge war, wohnte er mit seinen Eltern in Bremen. Den Weyerberg in Worpswede sah er zum ersten Mal, als er nach einer großen Überschwemmung aus dem Dachfenster des Hauses schaute. In der Ferne hob er sich aus dem überschwemmten Land hervor. *Der lag da wie ein goldener Fisch auf einer silbern blinkenden Schüssel,* schrieb Heinrich Vogeler später in seinen *Erinnerungen* Tagebuch. Damals konnte er noch nicht ahnen, dass er einmal einer der bekanntesten und vielseitigsten Künstler in Worpswede werden würde. Dass Heinrich Vogeler Maler und Radierer war, haben wir ja schon erzählt. Doch er konnte noch mehr. Er arbeitete nämlich auch sehr erfolgreich als Kunsthandwerker und Designer.

Sein Wunsch war, viele Alltagsgegenstände künstlerisch zu gestalten und damit sein Lebensumfeld zu einem Gesamtkunstwerk zu machen. So entwarf er Teppiche, Tapeten, Porzellan, Bestecke, Glas, Schmuck und Möbel. Schwungvolle Linien, Rosen mit vielen Blütenblättern oder der Pfau mit seinem bunten Gefieder und den langen Schwanzfedern waren Motive, mit denen er die Dinge verzierte. Diese Kunst, die verspielt und verträumt wirkt, nennt man Jugendstil. Gerade in der Zeit, in der sich durch die Industrialisierung die nüchterne Technik in den Alltag drängte, hatten die Menschen Sehnsucht nach den schönen, verspielten Gegenständen.

Für seine Frau Martha entwarf Heinrich Vogeler eine ganze Menge Stoffe und Kleider. Viele davon wurden extra für die Bilder genäht, die er später von ihr malte.

Martha Vogeler – eine Medaille für Korbmöbel

Von der Begeisterung für das Kunsthandwerk ließ sich Martha Vogeler von ihrem Mann anstecken. Sie hatte Heinrich Vogeler schon als 14-jähriges Mädchen kennen gelernt. Damals stand sie ihm nur Modell. Doch sie beobachtete ihn oft beim Zeichnen und Entwerfen.

Um *Kunsthandwerker* zu werden, muss man nicht nur ein guter Handwerker sein, sondern auch künstlerische Fähigkeiten haben. Dann werden alltägliche Dinge zu besonderen Gegenständen. Im *Kunstgewerbe* geht es auch um die künstlerische Gestaltung von Alltagsgegenständen, die jedoch industriell hergestellt werden.

Heinrich Vogeler: Tulpenmöbel

In der Lehne blühen Tulpen

Besonders beliebt sind die Stühle von Heinrich Vogeler mit dem Tulpenmotiv. Noch heute werden sie in der Werkstatt von Hans Georg Müller, dem Enkel von Heinrich und Martha Vogeler, hergestellt.

Worpsweder Kunsthütten,
Lotte Heidelbach: Aschenbecher

Ganz typisch für den *Jugendstil* sind aufwändige Ornamente und geschwungene Linien. Seinen Namen hat die Kunstrichtung von der Zeitschrift *Jugend*, die 1896 in München gegründet wurde. Darin erfolgten erstmals die Illustrationen in diesem Stil.

Schon bald wurde auch ihre Lust geweckt, selbst künstlerisch zu arbeiten. Gelegenheit dazu bekam sie, nachdem sie Heinrich Vogeler 1901 geheiratet hatte. Jetzt konnte sie sich auf dem Barkenhoff ihr eigenes Atelier einrichten.

Gemeinsam mit ihrem Mann entwarf sie Möbel und hatte damit großen Erfolg. Im Jahre 1910 wurde ihr auf der Weltausstellung in Brüssel sogar eine Goldmedaille für ein damals modernes Design für Korbmöbel verliehen.

Nachdem sich das Ehepaar 1920 getrennt hatte, musste sie mit ihrer Arbeit Geld für sich und ihre drei Töchter verdienen. Dabei wurde sie in ihrer kunsthandwerklichen Arbeit immer vielseitiger. So entwarf sie Schmuck, Puppen, Kleider und webte Wandteppiche nach eigenen Entwürfen. Das Weben wurde im Laufe der Zeit die wichtigste Arbeit für Martha Vogeler. Sie richtete sich sogar eine eigene Weberei im Haus im Schluh ein. Doch das ist eine andere Geschichte.

Bernhard Hoetger – auch ein Multitalent

Wenn ein Künstler so viele Talente hat wie Heinrich Vogeler, ist das ja ganz nützlich, dann kann man viele Dinge, die man so im täglichen Leben braucht, für sich entwerfen. Ähnlich ging es auch Bernhard Hoetger, der Bildhauer, Architekt und Kunsthandwerker war. Er kam 1914 nach Worpswede, weil er sich eng mit Paula Modersohn-Becker verbunden fühlte. Obwohl sie ja zu diesem Zeitpunkt schon seit sieben Jahren tot war, glaubte er, dass ihre Heimat auch gut für seine Kunst sein könnte. Und er hatte Recht: In den Jahren, in denen er in Worpswede lebte, hinterließ er eine ganze Reihe interessanter Spuren.

Als Bernhard Hoetger sein erstes Haus in Worpswede baute, entwarf er gleich die Möbel und sogar Essbestecke selbst. Während wir ja bei Heinrich Vogeler schwungvolle, ornamentreiche Formen finden, arbeitete Hoetger mit den geometrischen Grundformen wie Quadrat, Kreis und Dreieck. So war bei seinen dreibeinigen Stühlen in seinem Arbeitszimmer die

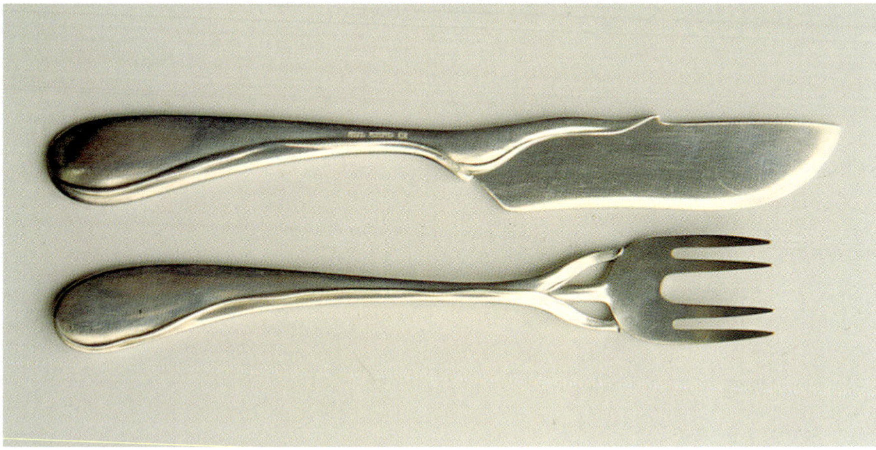

Heinrich Vogeler: Fischbesteck

Bernhard Hoetger: Großer Schweinehund (Tischfeuerzeug)

Rückenlehne aus einem Halbkreis und die Sitzfläche aus einem Dreieck aufgebaut. Hoetger war ab und zu auch mit viel Humor bei der Arbeit. Er gestaltete z. B. einen Aschenbecher in Form eines *Entenhundes* oder einen *Schweinehund* als Tischfeuerzeug.

Damit Bernhard Hoetger, der weiter als Architekt arbeitete, seine Bauten noch mehr nach seinen Ideen einrichten konnte, gründete er 1923 in einem Nebengebäude die *Worpsweder Kunsthütten*. Dort gab es eine Töpferei, die zuerst Willi Ohler und später Otto Meier leiteten. Ungewöhnlich war für die damalige Zeit, dass mit Lotte Heidelbach eine Frau die Metallwerkstatt führte.

Später baute Hoetger dann noch das Kaffee Worpswede mit einem Ausstellungshaus, der Großen Kunstschau. Sowohl das Gebäude als auch die Einrichtung entwarf er selbst, und in dem Museum wurde dann wiederum sein Kunsthandwerk verkauft. Damit verwirklichte Hoetger seine Idee eines Gesamtkunstwerkes.

Willi Ohler:
Kanne mit Kunsthüttenzeichen

Bernhard Hoetger:
Licht (1914)

Licht hat Bernhard Hoetger seinen lachenden Buddha genannt. Doch im Laufe der Jahre haben seine Betrachter ihn umgetauft, so dass heute an der Figur der Name *Bonze des Humors* zu lesen ist. Ursprünglich bezeichnete der Begriff *Bonze* einen buddhistischen Mönch oder Priester. Heute wird mit diesem Wort ein Mensch bezeichnet, der viel Geld hat. In der Punkszene gilt es sogar als ein Schimpfwort für diejenigen, die wohlhabend sind und sich etwas feiner kleiden.

Im Zusammenhang mit der Figur war der Name wohl in dem Sinn gemeint, dass sie reich an Humor ist.

Kunst dreidimensional:

Skulpturen

Bernhard Hoetger:
Wut (Ausschnitt, 1914)

Bernhard Hoetger

Wenn man nach Worpswede kommt, trifft man mitten im Ort, in einem kleinen Park, einen dicken, fröhlichen, überlebensgroßen Mann aus Gussstein. Er hat Ähnlichkeit mit einem Buddha und hält sich vor Lachen den Bauch. *Licht* hat der Bildhauer Bernhard Hoetger diese Skulptur genannt, die jeden mit ihrem Lachen ansteckt. Darum hat man ihr im Laufe der Jahre auch den Namen *Bonze des Humors* gegeben.

Einige Meter weiter steht eine weniger freundliche Figur. Sie hat einen sehr zornigen Gesichtsausdruck und rauft sich vor Wut die Haare, und so ist ihr Name auch *Die Wut*.

Diese beiden Skulpturen stammen aus einer ganzen Reihe, die der Künstler unter dem Titel *Licht- und Schattenseiten* schuf. In insgesamt 15 Figuren brachte er die guten und schlechten Eigenschaften der Menschen zum Ausdruck. Auf der Schattenseite finden wir Arbeiten mit Titeln wie *Geiz, Hinterlist* und *Rache,* während auf der Lichtseite die *Liebe, Güte* und *Hoffnung* stehen. Doch diese Figuren gestaltete Hoetger in viel kleinerem Format aus einer italienischen Keramik, die man Majolika nennt.

Natürlich gibt es von Bernhard Hoetger noch eine ganze Reihe anderer Skulpturen. Im Laufe der Jahre hat der Künstler in verschiedenen Stilen gearbeitet. Als er um 1900 nach seinem Studium in Paris war, wurde er von dem berühmten Bildhauer Auguste Rodin beeinflusst. Das Typische an diesen Skulpturen ist die Oberfläche der Figuren, auf der man genau die Bewegung und Anspannung der Muskeln sehen kann. Menschen, denen er im Alltag begegnete, wie Lumpensammler, Blinde oder Schiffszieher, finden wir in Hoetgers Werk aus dieser Zeit.

***Auguste Rodin* ist der bedeutendste französische Bildhauer und gilt als ein Vertreter des Impressionismus. Er lebte von 1840 bis 1917. Durch die bewegte Oberfläche seiner Skulpturen wollte er Empfindungen und Gefühle ausdrücken.**

***Majolika* nennt man jede Keramik, die mit Zinn glasiert wird und bei niedrigen Temperaturen brennt.**

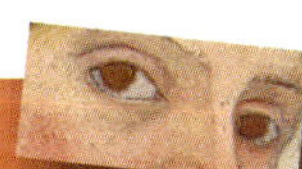

Hoetger ließ sich später auch von alter ägyptischer Kunst anregen, die vor allem durch feine Linien und glatte Oberflächen bestimmt ist. Ein Vergleich zwischen der berühmten *Nofretete* (um 1340 v. Chr., links) und Bernhard Hoetgers *Kopf der Tänzerin Sent M'Ahesa* (1917, rechts) macht das deutlich.

Nofretete war die Ehefrau des ägyptischen Königs Echnaton, der im 14. Jahrhundert vor Christi regierte. Der Name *Nofretete* bedeutet *Die Schöne ist gekommen*. Erst 1912 hat man bei Ausgrabungen diese Büste gefunden, die sehr berühmt wurde. Heute findet man sie im Ägyptischen Museum in Berlin.

Nofretete und die Tänzerin

Clara Rilke-Westhoff:
Paula Modersohn-Becker (1899)

„Ich bin jetzt ganz mit mir ins Klare gekommen, daß ich Bildhauerin werden will."

Clara Rilke-Westhoff

Clara Rilke-Westhoff

Die Bildhauerei ist eine der ältesten bildenden Künste in der Kulturgeschichte.

Um Skulpturen zu schaffen, verwendet man Materialien wie Stein, Holz, Ton, Gips sowie Glas oder Kunststoffe.

Clara Westhoff war 20 Jahre alt, als sie etwa zur gleichen Zeit wie Paula Becker nach Worpswede kam. Sie galt als eine ernste und energische junge Frau. So gelang es ihr auch, bei ihren Eltern ihren dringendsten Wunsch durchzusetzen, Künstlerin zu werden. Bevor Clara, die aus Bremen stammte, nach Worpswede kam, hatte sie schon auf einer privaten Malschule in München studiert. Als sie anschließend bei Fritz Mackensen in die Lehre ging, entdeckte er ihr Talent für die Bildhauerei. Sofort begann sie mit der Arbeit.

Schon bald entstanden erste Skulpturen, in denen sie den Charakter und die Gefühle der Menschen ausdrückte. Anregen ließ sie sich durch Moorbauern aus der Umgebung. Eine ihrer ersten Arbeiten war das *Bildnis einer Alten*. An Schultern und Hals kann man ganz deutlich sehen, wie dünn die alte Frau ist. Das Gesicht ist faltig und eingefallen, die Stirn liegt in sorgenvollen Falten und der Blick ist traurig.

Paula Becker gefiel die neue Kollegin sehr, so dass sie schnell auch zu ihrer besten Freundin wurde. Begeistert schrieb sie in ihr Tagebuch: *Inniges Nachbilden der Natur, das soll ich lernen. (...) Da ging mir heute ein Licht auf bei Fräulein Westhoff. Die hat jetzt eine alte Frau modelliert, innig und intim. Ich bewundere das Mädel (...)*

Da es in Worpswede keine Lehrer für die Bildhauerei gab, machte sich Clara Westhoff auf nach Paris. In der französischen Hauptstadt war – wie für Bernhard Hoetger – auch für sie Auguste Rodin ein wichtiges Vorbild, von dem sie viel lernte. Sie studierte in seinem Atelier und seinem Institut und fand dabei ihren eigenen Stil. Als sie im Sommer 1900 mit Paula nach Worpswede zurückging, traf sie auf dem Bar-

Paula Modersohn-Becker war begeistert davon, wie natürlich Clara Westhoff die Menschen darstellen konnte. Sie ließ sich für ihre eigenen Arbeiten von der Kollegin anregen.

Als sie diese Figur von der alten Frau gesehen hatte, schrieb sie in ihr Tagebuch: *Da ging mir heute ein Licht auf bei Fräulein Westhoff. Die hat jetzt eine alte Frau modelliert, innig, intim. Ich bewundere das Mädel (...) die möchte ich zur Freundin haben.*

Paula und Clara

Clara Rilke-Westhoff: Büste einer Alten (1898)

Bernhard Hoetger: Schiffszieher (1902)

kenhoff den Dichter Rainer Maria Rilke. Sie verliebten sich ineinander, heirateten und bekamen eine Tochter. Doch sie blieben nur ein Jahr zusammen. Zu schwierig war ein gemeinsames Leben für die beiden Künstler, die kaum Geld verdienten.

Hatten schon Malerinnen Mühe, von ihrer Arbeit zu leben, so war es für Bildhauerinnen noch schwieriger. Auch Clara Westhoff, die mit viel Freude und Energie ihren Weg begonnen hatte, erhielt leider nur wenige Aufträge. Zu ihren wichtigsten Arbeiten gehört die Büste ihrer Freundin Paula Modersohn-Becker.

Nachdem Clara Rilke-Westhoff einige Jahre in München gelebt hatte, kehrte sie in den Norden zurück und zog nach Fischerhude. Dort baute sie sich ein kleines Haus. Als sie im Alter keine Kraft mehr hatte, den feuchten Ton zu formen, begann sie zu malen. Bis zu ihrem Tod 1954 entstand eine ganze Reihe Blumen- und Landschaftsbilder.

Clara Rilke-Westhoff in ihrem Atelier 1936, links die Büste von Rainer Maria Rilke

Heinrich Vogeler:
Der Barkenhoff (1921)

Barkenhoff und Haus im Schluh:

Treffpunkte der Künstler

Ein verfallenes Bauernhaus

Im Jahr 1895 kaufte sich der Künstler Heinrich Vogeler vom Erbteil seines Vaters ein schon sehr verfallenes Bauernhaus in Worpswede. Er baute an, er baute um und er restaurierte das alte Haus mit viel Liebe. Seine Mutter unterstützte ihn, indem sie ihm einige alte Möbel aus seinem Bremer Elternhaus schenkte. Heinrich Vogeler wollte seine Vorstellungen von Schönheit in diesem Haus verwirklichen. Sein Haus sollte zu einem Kunstwerk werden.

Besondere Mühe gab er sich auch mit dem Garten. Er legte symmetrisch angeordnete Blumenbeete an und pflanzte Hecken an die Wege.

1898 bekam das Gebäude dann einen anderen Vorbau, und Vogeler tauschte das Reetdach gegen ein Ziegeldach aus. Eine Freitreppe, die von Mauern gesäumt wird, führte in den Garten.

Von einem alten Bauernhaus war nicht mehr viel übrig geblieben. Es war ein wunderschönes Haus für die Kunst und die Künstler entstanden. Sehr schnell wurde der Barkenhoff zum Zentrum der Künstlerkolonie. Und Heinrich Vogeler genoss es... Für die Innenräume gestaltete er selber Möbel, er zeichnete die Muster für die Tapeten und ging sogar so weit, dass er auch das Besteck und das Geschirr selbst entwarf.

Die alte Fotografie zeigt den Barkenhoff im Jahr 1896, vor dem Umbau. Links davon, in Vogelers Radierung *Frühling,* sitzt die junge Martha Schröder, die 1901 Heinrich Vogelers Frau wurde, ganz verträumt unter Birken im Gras. Im Hintergrund kann man auch hier den alten Barkenhoff erkennen.

Das Anwesen bekam seinen Namen nach dem kleinen Birkenwäldchen, das Heinrich Vogeler selbst pflanzte, denn *Barke* ist das niederdeutsche Wort für *Birke*.

Barkenhoff = Birkenhof

Heinrich Vogeler: Sommerabend (1905)

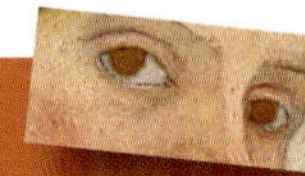

Liebevoll nannten die Künstlerfreunde ihre Gemeinschaft, die sich regelmäßig auf dem Barkenhoff traf, die *Barkenhoff-Familie.* Das Gemälde zeigt einige *Familienmitglieder* auf der Terrasse des Barkenhoffs:

Paula Modersohn-Becker (1)
Otto Modersohn (2)
Clara Rilke-Westhoff (3)
Martha Vogeler (4)

Die „Familie"

„Mein Haus hat jetzt soviel Reiz, daß ich fast mein Leben lang mein Haus malen sollte … "

Heinrich Vogeler

Insel des Schönen

Heinrich Vogeler baute sich seine eigene kleine *Insel des Schönen,* auf der er gern Gäste begrüßte. Ob Musiker, Maler oder Dichter – alle kamen sie in den Barkenhoff und ließen sich von der kunstvollen Atmosphäre verzaubern. Ein besonderer Gast war der Dichter Rainer Maria Rilke. Vogeler hatte ihn in Florenz kennen gelernt und nach Worpswede eingeladen. Er bewohnte das blaue Zimmer im ersten Geschoss des Hauses. Regelmäßig wurden an den Sonntagen im weißen Musiksaal Feste veranstaltet.

Bis spät in die Nacht lauschten die Gäste der Musik oder unterhielten sich über die Kunst und die Welt. Ein besonderes Ereignis war es, wenn Rilke selbst seine Gedichte vortrug. Auch Paula Becker und Clara Westhoff kamen gern zu Besuch und gehörten zur Barkenhoff-Familie.

1901 war dann das Jahr der Hochzeiten! Wer da nicht alles heiratete! Den Anfang machten im März Heinrich Vogeler und Martha Schröder. Es folgten im April Clara Westhoff und Rainer Maria Rilke und dann im Mai noch Paula Becker und Otto Modersohn. Schon bald wurden die ersten Kinder geboren. Martha und Heinrich Vogeler bekamen drei Töchter, die Vogeler liebevoll als seine „Prinzessinnen" bezeichnete.

Alles nur Schein?

Von außen sah es aus, als wäre das Leben auf dem Barkenhoff eine perfekte Idylle. Aber stimmte das auch?

Heinrich Vogeler: Die Blaue Stunde (1914)

Heinrich Vogeler: Barkenhoff-Diele (1906)

Heinrich Vogeler: Barkenhoff – Kinderheim der Roten Hilfe (Ausschnitt, 1924)

Heinrich und Martha Vogeler entfernten sich mit der Zeit immer weiter voneinander. Und sie waren nicht die einzigen... Auch Otto Modersohn und Paula Modersohn-Becker hatten ab 1905 Schwierigkeiten in ihrer Ehe. Bei Clara Rilke-Westhoff und Rainer Maria Rilke war die Trennung sogar schon vollzogen. Die Barkenhoff-Familie brach langsam aber sicher auseinander. Vogelers märchenhafte Zeit auf dem Barkenhoff näherte sich damit dem Ende.

Kinderheim und Gartenbauschule

1914 meldete sich Heinrich Vogeler freiwillig als Soldat für den Ersten Weltkrieg. Die grauenvollen Erlebnisse des Krieges veränderten ihn vollkommen. Er kam als entschiedener Kriegsgegner zurück und wollte nun ganz anders leben als bisher. So gründete er auf dem Barkenhoff eine kommunistische Lebens- und Arbeitsgemeinschaft. Das, was zuvor den Liebreiz des Hauses ausgemacht hatte, wurde von ihm entfernt. Die alte *Insel des Schönen* war nicht mehr wiederzuerkennen! Statt mit Seidentapeten ausgestattet, waren die Zimmerwände nur noch schlicht weiß getüncht. Im Garten wurde sehr viel Gemüse angebaut, denn Vogeler hatte die Idee, alles, was die Gemeinschaft zum Leben brauchen würde, auch selbst zu produzieren. Das bedeutete, dass nichts von dem einst so verträumten Garten übrig blieb.

Und die Gäste, die Vogeler empfing? Nicht mehr Maler und Dichter gingen nun ein und aus, sondern politisch Verfolgte. Doch auch dieses gemeinschaftliche Leben scheiterte nach einigen Jahren. Heinrich Vogeler entschied sich daraufhin, mit seiner zweiten Frau, der Polin Sonja Marchlewska, aus Worpswede fortzugehen. Nachdem sie einige Zeit in Berlin verbracht hatten, zogen sie 1925 nach Moskau.

Und der Barkenhoff? Daraus wurde ein Kinderheim der Organisation *Rote Hilfe*. Vogeler hatte dieser Organisation sein Haus zur Verfügung gestellt. Doch damit ist die Geschichte des Barkenhoffs noch nicht zu Ende.

1921 wurde in Deutschland die *Rote Hilfe* gegründet. Die Rote Hilfe ist eine von der kommunistischen Partei gesteuerte Organisation. Sie sieht ihre Aufgabe u. a. darin, Gleichgesinnte, die politisch verfolgt werden, zu unterstützen.

Heinrich Vogeler: Bildnis Martha Vogeler (1910)

Martha Vogeler am Hochwebstuhl (1958)

Schon auf dem Barkenhoff hatten Martha Vogeler und ihre Tochter Bettina Gobelins nach Entwürfen von Heinrich Vogeler gewebt. Gobelins sind feine dünne Wandteppiche, in denen Bilder eingewebt sind.

Der Name stammt von der Familie Gobelin, die in Paris eine Färberei betrieb und 1607 mit der Herstellung von Bildteppichen begann.

Gobelins

Zu den häufigen Gästen im *Haus im Schluh* gehörten u. a. die Künstler: Willy Meyer-Osburg, Heini Linkshänder, Lisel Oppel, Alfred Kollmar, Richard Oelze, Helmut Heinken, Friedrich Meckseper und Dieter Wallert. Auch Schriftsteller und Schriftstellerinnen gingen im Haus im Schluh ein und aus, wie z. B. Gustav Regler und Ursula Ziebarth.

Nachdem das Kinderheim geschlossen wurde, zog 1933 eine Gartenbauschule in das Haus ein. Während in den folgenden Jahren die Besitzer immer wieder wechselten, verfiel das Gebäude mehr und mehr. Es dämmerte in einem Dornröschenschlaf vor sich hin und entging nur knapp der Gefahr, einfach abgerissen zu werden…

Wer nun wissen möchte, was denn aus dem Barkenhoff geworden ist, der muss nur das Kapitel *Museen und Galerien* aufschlagen!

Das Haus im Schluh

Als Heinrich Vogeler aus dem Ersten Weltkrieg heimkehrte, hatte seine Frau Martha längst die Trennung von ihm vorbereitet. Sie konnte seine neuen politischen Ideen nicht verstehen und auch nicht, dass auf dem Barkenhoff nun eine kommunistische Arbeitsgemeinschaft leben sollte. Wichtig war ihr, die über Jahre auf den Barkenhoff gesammelten wundervollen Kunstwerke und Möbelstücke zu bewahren. Nur wo? Martha Vogeler hatte die Idee, ein altes Bauernhaus, das sie in einem Nachbardorf entdeckt hatte und das abgerissen werden sollte, in Worpswede wieder aufbauen zu lassen. Das Haus erhielt seinen Namen nach seinem neuen Standort, dem Schluh. Das Wort *Schluh* kommt aus dem Niederdeutschen und bedeutet sumpfiges Gelände.

Martha Vogeler hatte ein großes Interesse an der Volkskunst und so errichtete sie ein Heimatmuseum. Hier fanden nun die Kunstwerke Heinrich Vogelers und die alten Sammelgegenstände und Möbel aus dem Barkenhoff ihr neues Zuhause. In einem Nebengebäude, das sie bauen ließ, brachte sie dann noch eine Handweberei unter. Wir haben ja schon gehört, dass Martha Vogeler eine Vorliebe für das Weben entdeckt hatte… Gemeinsam mit ihren Töchtern Mieke, Bettina und Mascha erarbeitete sie sich damit ihren Lebensunterhalt. Außerdem vermietete sie noch Gästezimmer. Die alten Freunde aus der Barkenhoff-Zeit trafen sich nun in Martha Vogelers Haus im Schluh.

Auf der Fotografie links kann man sehen, wie die Zimmerleute damals das zweite Fachwerkhaus im Schluh aufgebaut haben. Schwindelfrei mussten sie wohl in jedem Fall sein!

Rechts daneben unterhalten sich gerade Martha Vogeler und ihre Tochter Mascha. Die Kleider, die sie tragen, haben sie selbst entworfen und auch selbst angefertigt, ihre eigene *Worpsweder Tracht.*

Aus Martha Vogelers Fotoalbum

Und auch junge Künstlerinnen und Künstler fanden ihren Weg dorthin. Das Haus im Schluh wurde zu einer zweiten Heimat für Künstler, Schriftsteller und Kunsthandwerker. Da Martha Vogeler ihre Sammlung alter Möbel und Gegenstände aus dem bäuerlichen Alltag immer weiter ergänzte, brauchte sie bald mehr Platz. Es musste ein weiteres Haus her! 1937 fand sie dieses Mal im benachbarten Grasberg ein altes Fachwerkhaus, das sie dort abtragen und *im Schluh* neu errichten ließ. In dieses Haus wurde nun die Weberei verlegt.

Die Ruhe und Stille, die man noch heute *im Schluh* vorfindet, hat viele Kunstschaffende angezogen. Manche blieben für wenige Stunden, andere für Jahre. Als Martha Vogeler 1961 starb, wurden die Weberei und die Pension von ihren Töchtern Bettina und Mascha übernommen. Wer heute dem Haus im Schluh einen Besuch abstattet, wird sehen, dass das Haus noch immer von der Familie geführt wird – inzwischen sind Martha Vogelers Urenkelinnen an der Reihe!

Das *Haus im Schluh* besteht eigentlich aus zwei Häusern.

Ottilie Reylaender:
Mädchen mit Cantaro (1911)

rechts:
Paula Modersohn-Becker:
Blick aus dem Atelierfenster in Paris (1900)

links:
Paris 1900, Le Grand Palais

Von Worpswede in die Welt

Ruhig war es in Worpswede …

Ruhig und beschaulich war es in Worpswede, als Fritz Mackensen, Otto Modersohn, Heinrich Vogeler und Paula Modersohn-Becker dort um 1900 lebten. Sie arbeiteten in ihren Ateliers oder in der freien Natur, weitab von der Hektik der Städte. Weitab aber auch vom aktuellen Kunstgeschehen!

Als Paula Becker am 7. September 1898 nach Worpswede zog, war sie begeistert von der Atmosphäre des kleinen Ortes am Weyerberg. Trotzdem schrieb sie noch am selben Abend in einem Brief an ihre Tante Cora von ihrem großen Wunsch, einmal nach Paris zu reisen: *Ich genieße mein Leben mit jedem Atemzug und in der Ferne glüht und leuchtet Paris. Ich glaube wirklich, daß mein stillster, sehnlichster Wunsch sich verwirklichen wird.*

Paris – Zentrum der Kunst

Paris war zu dieser Zeit der Ort, wo die moderne Kunst zu sehen war, wo Künstler wie Paul Cézanne, Pablo Picasso oder Henri Matisse lebten und arbeiteten. Paris war die Kunsthauptstadt in Europa. Jeder Künstler, der etwas auf sich hielt, musste einmal für längere Zeit dort gewesen sein. Paula Beckers Wunsch erfüllte sich ein Jahr später. In der Silvesternacht 1899/1900 reiste sie mit dem Zug nach Paris.

Sie war froh, erst einmal Worpswede verlassen zu können. Im Dezember 1899 hatte sie nämlich mit ihren Künstlerkolleginnen Clara Westhoff und Marie Bock eine Ausstellung in der Bremer Kunsthalle gehabt, die in der Zeitung vom Kunstkritiker Artur Fitger vernichtend besprochen wurde.

Arthur Fitger schrieb in der *Bremer Weser-Zeitung*: ***Für die (…) Damen reicht der Wortschatz einer reinlichen Sprache nicht aus. Hätte eine solche Leistungsfähigkeit auf musikalischem oder mimischem Gebiete die Frechheit gehabt, sich in den Concertsaal oder auf die Bühne zu wagen, so würde alsbald ein Sturm von Zischen und Pfeifen dem groben Unfug ein Ende gemacht haben (…)***

Paul Cézanne: Selbstporträt mit Palette (um 1890)

Bei dem Kunsthändler Vollard in Paris entdeckte Paula Modersohn-Becker sechs Werke des großen Paul Cézanne. In einem Brief schrieb sie später, dass die Bilder auf sie gewirkt hätten „wie ein Gewitter und ein großes Ereignis!“

Vorbild Cézanne

Privatakademie Colarossi in Paris

In einem Brief an ihre Mutter beschrieb Paula Modersohn-Becker einmal ihre Sehnsucht nach Paris: ***Ich sehe diese Pariser Reisen an als Ergänzung meines hiesigen etwas einseitigen Lebens und ich fühle, wie dieses Untertauchen in eine fremde Stadt mit ihren tausend Schwingungen nach zehn ruhigen Worpsweder Monaten mir ungefähr Lebensbedürfnis wird.***

Fitger schrieb, dass die Werke der drei jungen Malerinnen so schlecht seien, dass man dafür überhaupt keine Worte finden könne. Paula Becker war zutiefst betroffen. Sie nahm ihre Arbeiten von den Wänden, packte ihre Koffer und machte sich auf nach Paris.

Endlich in Paris

In Paris angekommen, besuchte Paula Becker voller Neugier die Museen und Ausstellungen. Sie genoss nach der Ruhe in Worpswede das bunte Treiben der Großstadt und bummelte auf den Boulevards. Außerdem nahm sie Unterricht an der Privatakademie Colarossi.

Paula Beckers Worpsweder Freundin Clara Westhoff, die sich entschlossen hatte, Bildhauerin zu werden, hielt sich Anfang 1900 ebenfalls in der Stadt auf. Auch sie wollte hier die moderne Kunst studieren.

Im Juni ging sie zurück nach Deutschland und mietete sich ein Atelier in Westerwede, das sich in der Nähe von Worpswede befindet. Noch im selben Monat war auch für Paula Becker die schöne Zeit in Paris zunächst einmal zu Ende. Doch die Stadt ließ sie nicht mehr los. Noch drei Mal kehrte sie dorthin zurück und zwar in den Jahren 1903, 1905 und 1906/07. Insgesamt verbrachte sie fast zwei Jahre ihres Lebens in Paris.

Ottilie Reylaender und die Reiselust

Mit 15 Jahren kam die junge Ottilie Reylaender, die 1882 in Wesselburen geboren wurde, nach Worpswede, um bei dem erfolgreichen Maler Fritz Mackensen Unterricht zu nehmen. Sie arbeitete gemeinsam mit Paula Becker, die ebenfalls seine Schülerin war, und konnte viel von ihr lernen. Ottilie Reylaender erinnert sich später: *Ich war natürlich sofort in ihrem*

Ottilie Reylaender: Mittag in Tonila (1910)

Ottilie Reylaender in Mexiko, 1917

Bann, ohne daß mir dies völlig bewusst gewesen wäre. Bald dachte ich nicht mehr daran, die Natur „abzumalen“. Wie Paula Modersohn-Becker begann auch Ottilie Reylaender, nach ihren eigenen Vorstellungen zu malen, ohne dass es ihr dabei wichtig war, die Natur oder die Menschen besonders realistisch darzustellen. Im April 1900 folgte sie Paula Becker dann nach Paris und übernahm das von ihr gemietete Zimmer. Sie besuchte die Privatakademien Colarossi und Julian und zeichnete fleißig. Im Sommer 1901 kehrte sie vorübergehend nach Worpswede zurück.

Doch schon bald packte sie wieder die Reiselust. Es war wohl ihr Drang, immer etwas Neues zu erleben und zu lernen, der sie antrieb. So reiste sie nach München, ein weiteres Mal nach Paris und dann auch noch nach Italien. Ein ganzes Jahr über blieb sie 1908 in Rom. Hier lernte sie den polnischen Glasmaler Bogdan von Suchocki kennen, mit dem sie 1910 sogar nach Mexiko ging.

Was macht eine junge deutsche Malerin in Mexiko? – Sie malt natürlich und das in leuchtenden Farben. Die Landschaft und die Menschen dort faszinierten sie. Sie liebte das Licht und hielt Markt- und Straßenszenen auf der Leinwand fest.

Auch entstanden viele Porträts der einheimischen Bevölkerung. Anders als in Worpswede hielt sie sich hier beim Malen vielmehr an das, was sie vor sich sah, und experimentierte weniger.

Erst 1927 kehrte sie nach Deutschland zurück und ließ sich in Berlin nieder. Eigentlich hatte sie gar nicht vorgehabt, so lange fortzubleiben... Doch eigene Geldschwierigkeiten und die politische Situation des Landes machten vorher eine Heimreise unmöglich. Wer glaubt, dass sie nun vom Reisen genug gehabt hätte, der irrt. Ihr Weg führte sie noch nach Spanien und Italien und sogar einmal mehr in das ferne Mexiko, bevor sie 1965 in Berlin verstarb.

Ottilie Reylaender über Mexiko:
Hier ist alles so leicht (...), gewiß zu leicht. Es ist immer schön, so daß man es mitunter garnicht mehr schätzt. Alles wächst von selbst, der Himmel ist so blau, die großen Bananenblätter stehen so groß und blank dagegen, alles lädt förmlich ein zu Liebe und Freude (...)

links:
Heinrich Vogeler:
Das Tal des Serafschan
(1927)

rechts:
Heinrich Vogeler:
Mondnacht in der
usbekischen Wüste
(1940)

Heinrich Vogeler – ein zweites Leben in Moskau

Jan Vogeler über seinen Vater Heinrich Vogeler: ***Wenn der Vater von einer seiner Reisen durch das große Land mit Hunderten von Skizzen und Entwürfen zurückgekehrt war, pflegte er oft auf unserer kleinen „Datscha" bei Moskau zu arbeiten und in den Pausen von seinen Erlebnissen, von interessanten Menschen, die er dabei kennenlernte, zu erzählen.***

Im Jahr 1923 reiste Heinrich Vogeler mit der Polin Sonja Marchlewska zum ersten Mal in die ferne Sowjetunion (heute Russland). Sonja war seine neue Lebensgefährtin, und er mochte an ihr wohl besonders, dass sie dieselben politischen Ziele wie er selbst verfolgte. Vogeler trat dafür ein, dass alle Menschen gleichberechtigt sein sollten.

Diese Idee wollte er auch auf dem Barkenhoff verwirklichen, indem er dort eine kommunistische Lebens- und Arbeitsgemeinschaft gründete. Das, was die Gemeinschaft zum Leben brauchte, wurde selbst erzeugt und dann gerecht unter allen Beteiligten verteilt. In der Sowjetunion versuchte man bereits seit 1917 so zu leben. Genannt wird diese politische Ausrichtung *Kommunismus*. Der Begriff geht auf das lateinische Wort *communis* zurück, was „gemeinsam" bedeutet. Ein Jahr lang hielten sich Heinrich Vogeler und Sonja Marchlewska in der Sowjetunion auf. In dieser Zeit wurde auch ihr gemeinsamer Sohn Jan geboren. Heinrich Vogeler war von der kommunistischen Gesellschaftsordnung im fernen Moskau begeistert und trat, als er wieder zurück in Deutschland war, in die Kommunistische Partei Deutschlands ein.

Nachdem er sich von seiner Ehefrau Martha 1926 scheiden ließ, heiratete er Sonja und ging ein Jahr später mit ihr nach Berlin. Doch die Sowjetunion ließ ihn nicht mehr los. So unternahm er immer wieder lange Reisen dorthin, bis er sich 1931 entschied, ganz nach Moskau zu ziehen.

Und seine Kunst? Heinrich Vogeler interessierten längst nicht mehr Themen wie Frühling oder Liebe. Aus dem Märchenerzähler war ein politisch engagierter Künstler geworden. In seinen Gemälden stellte er

Die zwiebelartigen Turmspitzen der Moskauer Basilius-Kathedrale kann man auch in Vogelers Bild *Die Geburt des Neuen Menschen* (rechts) entdecken.

Moskau

das sozialistische Leben der Menschen dar. Immer wieder packte ihn auch in Moskau das Reisefieber, und er besuchte dort viele verschiedene sowjetische Republiken.

Als glücklich kann man die letzten Lebensjahre von Heinrich Vogeler nicht bezeichnen. Seine zweite Ehe wurde geschieden und er musste, als die Deutschen Moskau während des Zweiten Weltkriegs zu besetzen drohten, die Stadt verlassen. Auf russischen Befehl hin wurde er nach Kasachstan abtransportiert. 1942 starb er dort verarmt.

Heinrich Vogeler: Die Geburt des Neuen Menschen (1923)

Von 1924 bis Mitte der 30er Jahre malte Vogeler in Moskau so genannte *Komplexbilder*. Komplex, also vielschichtig, sind sie im wahrsten Sinne des Wortes, denn sie bestehen aus vielen einzelnen Bildteilen, die kristallartig zusammengefügt scheinen. Die Totenköpfe hier sollen auf die zaristische Gewaltherrschaft hinweisen.

Heinrich Vogelers Komplexbilder

Paula Modersohn-Becker:
Flöte blasendes Kind
im Birkenwald (1905)

Bruno Paul: Malweiber

„Malweiber" vor der Natur

Malerin sein um 1900 …

Wo bitte kann ich denn studieren?

Wenn heute eine Frau Kunst studieren möchte, um später als Künstlerin zu arbeiten, dann bewirbt sie sich einfach an der Kunsthochschule und hofft, dass sie angenommen wird. Dass sie eine Frau ist, spielt beim Auswahlverfahren und der Studienplatzvergabe keine Rolle. Das war um 1900 noch ganz anders!

Bis 1919 war es Frauen verboten, die staatlichen Akademien zu besuchen. Wollten sie eine künstlerische Ausbildung erhalten, mussten sie an eine private Malschule gehen. Viele Künstler eröffneten damals solche Malschulen und unterrichteten Frauen. Sie hielten dies für eine gute Gelegenheit, sich nebenbei als Lehrer etwas Geld zu verdienen. Ansonsten war es möglich, an der Malschule eines Künstlerinnenvereins zu studieren.

Wir können uns heute kaum vorstellen, wie schwierig die Situation damals für junge Künstlerinnen war. Die Frau als Modell des Malers – das wurde allgemein akzeptiert. Aber eine Frau, die malte? Vollkommen respektlos wurden die Künstlerinnen von der Männerwelt einfach *Malweiber* genannt.

Und in Paris?

Viele junge Malerinnen machten sich um 1900 auf die Reise nach Paris, um dort ihr Studium fortzusetzen. Die Privatakademien Colarossi und Julian hatten einen sehr guten Ruf. Auch Paula Modersohn-Becker und Ottilie Reylaender nahmen, als sie in Paris waren, dort am Unterricht teil. Aufnahmebedingungen gab es keine. Wer die nicht gerade niedrigen Gebühren bezahlen konnte, war zugelassen.

Paula Becker, 1900:
In der kleinen Rue de la grande Chaumière hat der Colarossi seine Akademiehäuser, worunter kleine rumpelige, schmutzige, komische Baracken zu verstehen sind, denen es aber an Poesie nicht fehlt (…). In diesen heiligen Hallen zeichne ich Akt morgens mit den Weiblein, abends mit den Männlein.

Otto Modersohn, Paula Modersohn-Becker und Elsbeth

Adele von Finck lehnte es ab zu heiraten. Die 1879 in Buenos Aires in Argentinien geborene Künstlerin lebte für einige Zeit in Worpswede, bevor es sie wieder in die Großstadt zog.

Sie machte vor allem dadurch von sich reden, dass sie anstatt Kleider Hosen trug. Damals war das sehr ungewöhnlich und galt als besonders emanzipiert.

Adele von Finck

Heinrich Vogeler: Karikatur Adele v. Finck

Paula Beckers Vater bestand darauf, dass seine Tochter eine Ausbildung als Lehrerin machen sollte. Wenn sie sich dann schon nicht verheiraten wollte, so könnte sie wenigstens auf eigenen Füßen stehen. Nachdem sie ihr Examen abgeschlossen hatte, erlaubte er ihr dann, in Berlin an der Malschule des Künstlerinnenvereins zu studieren. An ihre Karriere als Malerin glaubte er jedoch nicht …

Während ihres ersten Aufenthaltes im Jahr 1900 entschied sich die junge Paula Becker für die Akademie Colarossi. Vormittags stand das Aktzeichen für Schülerinnen auf dem Programm. Nachmittags arbeitete sie oftmals für sich allein zu Hause. Manchmal gönnte sie es sich aber auch, einfach nur durch das quirlige Paris zu bummeln. Am Abend nahm sie sogar mit einigen anderen Frauen an Aktzeichenkursen für Männer teil. Paris war, um etwas lernen zu können, für Kunstschülerinnen ein wahres Paradies.

An einer anderen Schule, der École des Beaux-Arts, gab es sogar Anatomiekurse. Dort studierte man an Leichen den menschlichen Körper ganz genau. *An Präparaten und schematischen Tafelzeichnungen wurde uns gestern das Knie auf eine lichtvolle Weise erklärt. So etwas wird uns Mädeln nirgends wo geboten,* schwärmt Paula Becker in einem Brief an die Eltern in Bremen. Da sie selbst ihre anatomischen Kenntnisse mangelhaft fand, war sie froh über diesen unentgeltlichen Unterricht, obwohl ihr der Anblick der Leichen nicht ganz geheuer war.

Ehe oder Karriere?
Zum Beispiel Paula und Otto

Als Otto Modersohn und einige andere Worpsweder Maler Paula Becker in Paris besuchten, verliebten sich Paula und der rund zehn Jahre ältere Otto ineinander. Noch während seines Aufenthaltes erhielt er die Nachricht, dass seine schwerkranke Frau gestorben war. Anfangs durfte keiner wissen, dass die beiden kurze Zeit später ein Paar wurden. Darum verlobten sie sich auch heimlich. Im Mai 1901 jedoch heirateten sie.

Vorher musste Paula in Berlin eine Kochschule besuchen, um zu lernen, wie ein Haushalt geführt wird. Nur schweren Herzens willigte sie ein. Weil ihr das Ganze aber mit der Zeit so furchtbar langweilig wurde, kehrte sie einfach früher als geplant zurück. In einem Brief an ihren Verlobten schrieb sie: *Ich sollte noch nicht kommen und immer noch kochen, kochen, kochen. Das kann ich nun aber nicht mehr, will ich auch nicht mehr, tue ich auch nicht mehr.*

Normalerweise gab damals die Frau nach der Hochzeit ihren Beruf auf, um nun ganz für ihren Ehemann und für den gemeinsamen Haushalt da zu sein. Paula dachte jedoch nicht im Traum daran, mit dem Malen aufzuhören! Sie behielt ihr eigenes Atelier beim Bauern Brünjes in Ostendorf, nahe dem Ortskern von Worpswede, und arbeitete täglich an die acht Stunden. Und das, obwohl sie nun nicht nur Ehefrau war, sondern auch Mutter. Otto hatte nämlich bereits eine kleine Tochter aus seiner ersten Ehe.

Für die damalige Zeit war es ungewöhnlich, dass ein Ehemann seiner Frau so viel Freiheit ließ, wie das Otto Modersohn tat. Er unterstützte Paula sogar finanziell, wenn sie nach Paris reiste. Trotzdem war es für Paula Modersohn-Becker oftmals sehr schwer, Ehefrau und Künstlerin zu sein. Da waren ihre eigenen Ansprüche, eine gute Malerin zu werden, und dann die der anderen, die von ihr verlangten, eine treusorgende Ehefrau zu sein. So schrieb sie einmal traurig in ihr Tagebuch: *Es ist meine Erfahrung, dass die Ehe nicht glücklicher macht.*

Am Anfang arbeiteten Paula und Otto vor denselben Motiven. Sie sprachen viel über Kunst. Doch schon bald waren sie, was die Malweise angeht, unterschiedlicher Meinung.

1906 beschloss Paula sogar, sich von ihrem Ehemann zu trennen und für immer nach Paris zu gehen. Sie wollte nun nur noch für die Kunst leben. Am Ende jedoch versöhnten sich die beiden wieder. Otto besuchte sie in Paris, und als sie gemeinsam nach Worpswede zurückkehrten, war Paula schwanger. Am 2. November 1907 wurde ihre Tochter Mathilde geboren. *Im November stand ich,* so schrieb ihre Freundin Clara Rilke-Westhoff, *mit meiner kleinen Tochter an ihrem Bett, in dem sie mit ihrem kleinen, wenige Tage alten Mädchen lag – mit dem glücklichsten und stillsten Lächeln, das ich je an ihr gesehen habe.* Das Glück war jedoch nur von kurzer Dauer: Am 20. November starb Paula Modersohn-Becker im Alter von nur 31 Jahren an einer Embolie.

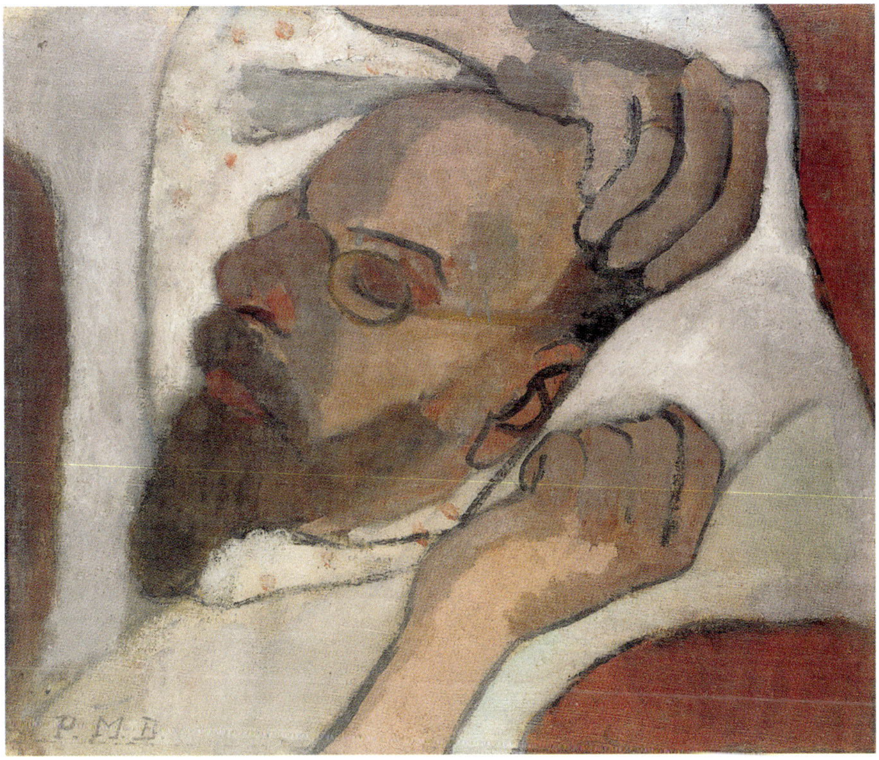

Paula Modersohn-Becker: Otto Modersohn schlafend (1906)

„... denn daß ich mich verheirate, soll kein Grund sein, daß ich nichts werde.“

Paula Becker, 1900

Frank Masson:
Malschule Weyerberg
(Postkarte, 1906)

Hermine und Fritz Overbeck

Hermine Overbeck-Rohte: Birkenweg (1896)

Ehe oder Karriere? Zum Beispiel Hermine und Fritz

Fritz Overbeck war der Erste der Worpsweder Maler, der Malschülerinnen Unterricht erteilte. Der wohl erfolgreichste Lehrer war jedoch Fritz Mackensen. Er zog aufgrund seiner Bekanntheit die meisten Schülerinnen an.

Als die junge Malerin Hermine Rohte 1895 in München auf einer Ausstellung Bilder der Worpsweder Maler sah, war sie von Fritz Overbecks *Mondaufgang im Moor* begeistert. So beschloss sie, nach Worpswede zu gehen und seine Schülerin zu werden.

Bevor Hermine Rohte sich jedoch ihren sehnlichsten Wunsch, Malerin zu werden, erfüllen konnte, musste sie erst einmal Hauswirtschaft lernen. Und damit nicht genug! Ihre Familie wollte auch noch, dass sie eine Lehre als Krankenschwester machte. Nachdem sie das endlich hinter sich gebracht hatte, sollte sie etwas Geld als Erzieherin in einem wohlhabenden, kinderreichen Haushalt verdienen. Doch natürlich malte sie, wann immer es ging, und besuchte auch nebenbei Kurse. Endlich durfte sie 1892 an der Damenakademie des Münchner Künstlerinnenvereins studieren. Als sie im Sommer 1896 nach Worpswede kam, war sie glücklich, hier nun arbeiten zu können. Fleißig machte sie Studien und versuchte, so zu malen wie ihre Worpsweder Vorbilder. Plötzlich wurde alles anders! Fritz Overbeck und Hermine Rohte hatten sich verliebt und verlobten sich bald darauf.

Damals war es noch üblich, dass man das Jahr vor der Hochzeit von seinem Verlobten getrennt verlebt. Die Frau sollte sich in aller Ruhe um ihre Aussteuer kümmern. Viele Briefe gingen während dieser Zeit zwischen den beiden hin und her. Wenn man sie liest, dann spürt man, dass Hermine Angst vor der Zukunft hatte. Wie wird sich ihr Leben an der Seite eines großen Malers verändern? Durfte sie überhaupt weiter malen?

Du weißt, ich könnte nie der Kunst wegen in meinen Pflichten gegen Dich nachlässig werden, versprach sie ihm hoch und heilig. *Wenn ich nicht so viel malen kann wie ich hoffe, dann mußt Du einen Ausgleich dadurch schaffen, dass du mich viel an Deinem Schaffen teilnehmen lässt (...).* Im ersten Jahr der Ehe bewahrheiteten sich ihre Befürchtungen noch nicht. Wohl aber,

Fritz Overbeck: Hermine in blauer Malschürze (um 1906)

Bertha Schilling: Gehöft in Fischerhude

als dann ihr kleiner Sohn geboren wurde. Hermine Overbeck-Rohte war nun ausschließlich Künstlergattin und Beraterin ihres Mannes.

Und das Malen, das sie doch so sehr liebte? Dazu kam sie nur noch selten, wenn ihre Zeit es ihr neben dem Haushalt erlaubte. Erzählt hat sie davon niemandem! Als Fritz Overbeck im Alter von nur 39 Jahren plötzlich an einem Schlaganfall starb, hätte sie vielleicht wieder anfangen können... Doch das tat Hermine Overbeck-Rohte nicht. Sie empfand es nun als ihre Pflicht, sich um den Nachlass ihres Mannes zu kümmern. Nur während der gemeinsamen Ferien mit den Kindern fand sie Gelegenheit zum Malen.

Als sie selbst 1937 verstarb, fand ihre Familie ihre Bilder ganz versteckt hinter denen von Fritz Overbeck. Ihre Kinder waren ganz erstaunt darüber, wie gut ihre Mutter malen konnte. Hermine Overbeck-Rohte gab für die Ehe mit Fritz Overbeck ihre Karriere als Künstlerin auf. Ob sie trotzdem glücklich war?

Dann bleib ich doch lieber unverheiratet!

Mit Paula Becker und Hermine Rohte haben wir zwei ganz unterschiedliche Frauen kennen gelernt. Paula Becker, die, obwohl sie verheiratet war, das Leben einer Malerin führte, und Hermine Rohte, die ihre Wünsche hinter denen ihres Mannes zurückstellte. Hermine passte sich den Regeln an, wie eine Ehefrau sich damals zu verhalten hatte. Paula setzte sich darüber hinweg.

Die jungen Malerinnen mussten damals viel Geld und Energie aufbringen, um eine gute künstlerische Ausbildung zu erhalten. Darum ist es auch nicht verwunderlich, dass sich viele entschieden, unverheiratet zu bleiben. Sie wollten ihren Traum, Karriere zu machen, nicht für die Ehe aufgeben. Leicht war es nicht, sich allein durchzuschlagen. Wenn sie keine reichen Eltern hatten, die sie unterstützen konnten, waren sie ganz auf sich gestellt. Als Ehefrau wären sie abgesichert gewesen... Als Alleinstehende mussten sie sehen, wie sie von ihrer Kunst leben konnten.

Bereits 1911 kam Bertha Schilling nach Fischerhude. Zuvor hatte sie in Berlin studiert. Sie entschied sich, unverheiratet zu bleiben. Ihr Leben gehörte der Kunst.

Albert Schiestl-Arding:
Bildnis des Malers Carl Jörres

Wild und bunt

Carl Jörres:
Selbstbildnis mit Sommerhut
(um 1930)

Besuch bei dem Maler Carl Jörres – eine Reise in die Vergangenheit

In diesem Kapitel wollen wir nun einen kleinen Ausflug in das Lilienthal um 1920 unternehmen und dem Maler Carl Jörres in seinem Atelier einen Besuch abstatten.

Es ist ein kalter Wintertag. Am strahlend blauen Himmel scheint die Sonne und in ihrem Licht glitzert der weiße Schnee. Es ist still in den Straßen von Lilienthal. Wir machen uns auf den Weg zu dem alten Badehaus an der Wörpe. Dort hat sich der Maler Carl Jörres sein Atelier und einen Ausstellungsraum, die Lilienthaler Kunstschau, eingerichtet.

Der Maler, ein großer Mann mit dunklen Augen und schwarzen Haaren, öffnet uns die Tür und begrüßt uns. Wir treten ein und lassen den Blick durch sein Atelier schweifen. Der Raum ist gefüllt mit Paletten, Ölfarben, Flaschen mit Terpentinöl, Spiritus, Leinöl, Tüten mit Pulverfarben, Gips, Kochtiegeln, Kisten mit Pinseln in allen Stärken, Blattgold für die Rahmen, Malmappen und vielen aufgerollten Leinwänden. Auf dem Boden stehen mehrere schwere Kisten, in denen Carl Jörres seine Bilder zu Ausstellungen schickt. An der Wand hängen zwei große Strohhüte, die er im Sommer draußen beim Malen aufsetzt.

Auf den vielen Staffeleien stehen halbfertige Arbeiten. Wenn er bei schlechtem Wetter das Malen draußen abbrechen muss, erklärt er, arbeitet er im Atelier weiter. Aus seinem Atelierfenster blicken wir auf die Wörpe mit ihrer Uferpromenade. *Das ist eines meiner Lieblingsmotive, genau wie das Badehaus,* schwärmt der Maler.

Carl Jörres wurde 1870 in Bremen geboren. Nach seiner Lehre im Dekorationsgeschäft seiner Eltern geht er 1904 auf die private Mal- und Zeichenschule in München.

Nach dem Ersten Weltkrieg kommt er nach Lilienthal, wo er auch später mit seiner Frau, der Malerin Henny Jörres-Stolz, und seiner Tochter Felicia bis zu seinem Tod im Jahre 1947 lebt.

Der Lilienthaler Carl Jörres

Carl Jörres: Das Badehaus an der Wörpe im Frühling (1930)

Carl Jörres: Winterlandschaft (1937)

Er stellt sich mit dem Gesicht zur Sonne. Legt Ocker und Zinnober dick auf und setzt dagegen blaue Schatten und Spiegelungen von Glasfenstern und Glasbeeten, spritzt ein paar rote Feuerflecken von Mohn und anderen Sommerblumen hinein (...)

Waldemar Augustiny 1936 in der *Bremer Zeitung*

Dann wählt er aus einer hellblauen Keramikvase voller Tabakspfeifen eine aus, stopft sie und zündet sie mit einem Streichholz an. Dabei beginnt er zu erzählen von seinem Weg zum Künstler, den er erst spät, mit 33 Jahren, begann. Sein Vater erwartete eigentlich von ihm, dass er sein Geschäft weiterführte. Zunächst arbeitete er auch dort, doch dann ging er zum Kunststudium nach München, obwohl diese Entscheidung zum Bruch mit dem Vater führte.

Damals, so erzählt er und zieht an seiner Pfeife, *ist es mir so vorgekommen, als hätte ich gerade erst angefangen zu leben.* Dass er Landschaftsmaler werden wollte, war ihm von Anfang an klar, denn schon immer liebte er die Natur. *Wenn ich den ganzen Tag in der Landschaft bin, suche ich ihre Geheimnisse zu ergründen,* sagt er. *Soll ich Euch verraten, was mir die Bäume, die Blumen und die Wolken erzählen? Es sind für mich alles lebendige Wesen.*

Carl Jörres erlaubt uns, die Bilder nicht nur anzuschauen, sondern auch vorsichtig mit der Hand über die Leinwand zu fahren. Dabei kann man Unebenheiten spüren, denn mal ist die Farbe dünn aufgetragen, dann wieder dick. Das nennt man *pastos,* weil die Farbe wie eine Paste auf der Leinwand liegt. Auch den Pinselstrich kann man ganz genau erkennen. Er ist kurz, kräftig und breit. Und die Farben? Sie leuchten! Wild und bunt geht es also zu, wenn Carl Jörres malt. Auch wenn Carl Jörres sich jetzt im Winter von der schneebedeckten Landschaft inspirieren lässt, sind es eher sommerliche Stimmungen, die ihn faszinieren. Am frischen, dynamischen Pinselstrich erkennen wir Temperament und Lebensfreude.

Nachdem wir den Erzählungen des Malers gelauscht und seine Bilder betrachtet haben, wird es Zeit für uns sein Atelier zu verlassen, damit er sich wieder seiner Arbeit widmen kann.

Malte Albert Schiestl-Arding auch mit Dreck?

Albert Schiestl-Arding, der um 1905 nach Worpswede kam, war nicht nur ein Freund von Carl Jörres, er arbeitete auch ähnlich wie er. Bei ihm wird es allerdings noch wilder und bunter!

Damals sah man ihn oft bepackt mit der Staffelei, den Farben und der Leinwand durch Worpswede ziehen. Irgendwo in der Landschaft oder vor einem blühenden Garten ließ er sich dann nieder, um zu malen. Doch kann man seine Arbeitsweise eigentlich nicht nur Malen nennen. Denn Albert Schiestl-Arding brachte zuerst die Farbe mit dem Spachtel auf die Leinwand und verteilte sie dann mit den Fingern und dem Handrücken.

Auf diese Weise modellierte er eine Oberfläche mit Höhen und Tiefen. Dann erst nahm er den Pinsel und setzte seine Striche temperamentvoll und mit viel Energie auf die Leinwand. So zu arbeiten macht sicher viel Spaß!

Allerdings benötigt man für diese Malweise sehr viel Farbe. Das war ein Problem für Albert Schiestl-Arding, denn er hatte so wenig Geld, dass es kaum zum Leben reichte. Wenn er sich keine Leinwand leisten konnte, malte er auf alten Zuckersäcken. *Und wenn ich keine Farben mehr habe, dann male ich eben mit Dreck, aber malen muß ich,* hat Albert Schiestl-Arding einmal gesagt. So weit ist es allerdings nie gekommen.

Albert Schiestl-Arding: Hängende Tulpen (siehe auch die drei Ausschnitte unten)

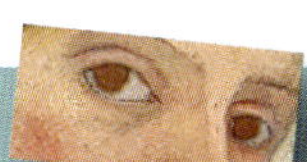

Wenn Albert Schiestl-Arding malte, trat er manchmal einen Schritt zurück, schaute das Bild an und ging dann plötzlich wieder darauf zu, um ein paar energische Spachtelhiebe mit Farben aufzubringen, so dass die straff gespannte Leinwand nur so knallte und vibrierte.

Energie

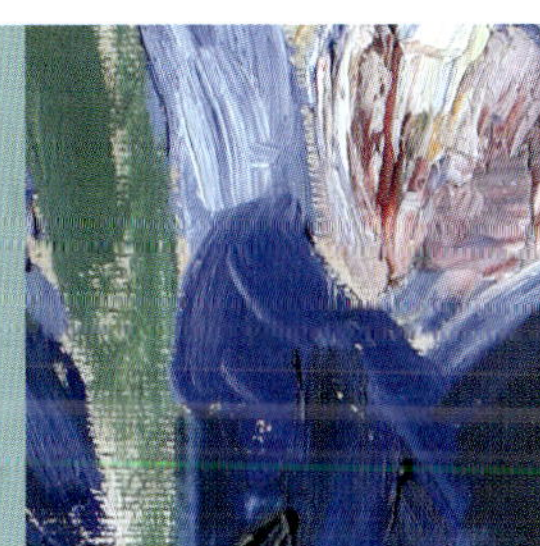

Richard Oelze: Im Freien (1961)

Richard Oelze:
Es gibt viele Enden der Welt
(Ausschnitt, 1967)

Surreales und Traumhaftes: Richard Oelze

Vom Kinderzimmer zum Bauhaus

Die Familie, in die Richard Oelze hineingeboren wurde, war eine der Familien, in denen es keine Bücher gab und keine Briefe geschrieben wurden (...). Es gab auch keine Bilderbücher und kaum Spielsachen für die Kinder.

Traurig hört es sich an, wie Richard Oelzes Lebensgefährtin Ellida Shargo von Alten hier das Elternhaus des Malers beschreibt. Der kleine Richard war jedoch erfinderisch und baute sich seine eigenen Spielsachen, wie z. B. aus Filmresten und Fotoplatten einen Guckkasten, mit dem er Kino spielte. Auch begann er schon früh zu zeichnen.

Im Jahr 1919 stand dann fest, er wollte Künstler werden, und er bewarb sich an der Kunstgewerbeschule in seiner Geburtsstadt Magdeburg. Sogar an der damals fortschrittlichsten Kunstschule Deutschlands, dem Bauhaus, studierte er mehrere Jahre. Als dieses von den Nationalsozialisten geschlossen wurde, ging er nach Dresden. Und was kam dann? – Paris! 1933 zog es ihn in die französische Kunsthauptstadt, wo er auf die Surrealisten traf.

Der Surrealismus – Was muss man sich unter dieser Kunstrichtung vorstellen?

Sur kommt aus dem Französischen und bedeutet über. Es geht also um etwas, das *über* dem Realismus, *über* der Wirklichkeit steht. Die Künstler begannen, sich mit Träumen zu beschäftigen und sich von diesen zum Malen anregen zu lassen. Sie wollten das *Unbewusste* darstellen.

Sigmund Freud, der Begründer der Tiefenpsychologie, hatte die Theorie aufgestellt, dass es neben dem, was wir bewusst wahrnehmen und fühlen, in unseren Gedanken noch etwas anderes gibt, von dem wir aber nichts wissen. Deshalb nennt er es das *Unbewusste*. Es könnte sich dabei z. B. um ungeahnte Ängste handeln, die wir verdrängen, die aber unser normales Leben beeinflussen. In Träumen nimmt dieses Unbewusste gern Gestalt an, und wir wundern uns darüber, was wir da eigentlich träumen.

Freud beschäftigte sich intensiv mit Träumen und versuchte, sie zu deuten. Dafür entwickelte er sogar eine Methode, die zu einem wichtigen Bestandteil seiner Lehre wurde.

Im Jahr 1919 gründete Walter Gropius in Weimar das Staatliche *Bauhaus*. In dieser Kunstschule sollten alle Künste miteinander vereint sein. Als die wichtigste wurde die Baukunst angesehen. Die Studenten lernten hier nicht nur theoretisch, sondern auch praktisch in den so genannten Werkstätten. 1925 zog das Bauhaus nach Dessau, 1932 nach Berlin. Dort wurde es 1933 von den Nationalsozialisten geschlossen.

Salvador Dalí:
Zerrinnende Zeit (1931)

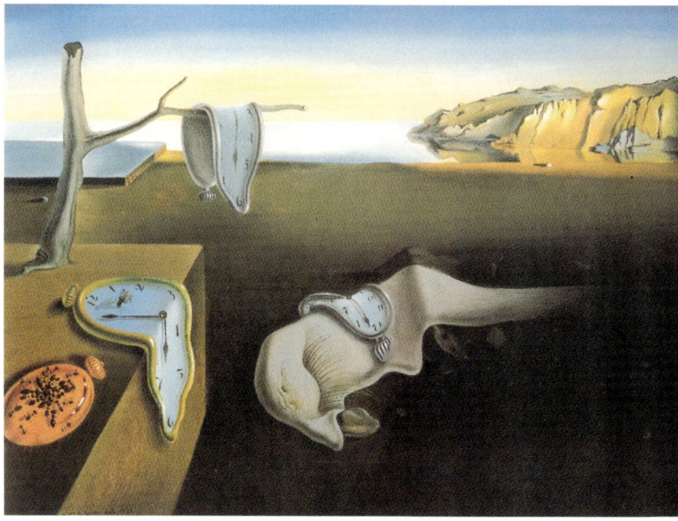

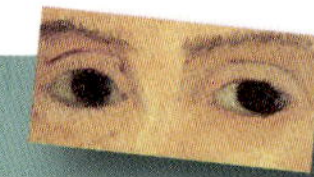

Salvodor Dalí wurde 1904 in der Nähe von Barcelona geboren. In Paris schloss er sich den Surrealisten an und malte Traumbilder.

Was es nicht alles in seinen rätselhaften Bildern zu entdecken gibt: Ob schmelzende Uhren, Schubladenmenschen oder brennende Giraffen – alles ist bei ihm möglich!

Salvador Dalí

Richard Oelze – der Surrealist

In Paris stieß Richard Oelze auf bedeutende surrealistische Maler, wie z. B. Max Ernst und Salvador Dalí. Genau wie sie interessierte auch er sich für das „Über"-Wirkliche. Eigentlich war er schon Surrealist, bevor er nach Paris kam und die Künstlergruppe persönlich kennen lernte.

In den drei Jahren, die er in Paris blieb, entstanden rund dreißig Arbeiten. Wenn Richard Oelze keine Landschaften malte, dann beschäftigte er sich mit der menschlichen Figur. Mal waren es nur Köpfe, die er darstellte, mal war es der ganze Körper in einem geheimnisvollen Raum. Seine Menschen wirken nicht real, sondern wie bloße Erscheinungen. Man reibt sich die Augen und denkt, in jedem Moment lösen sie sich in Nichts auf.

Und seine Landschaften? – Das sind rätselhafte Traumlandschaften, die immer auch etwas Gruseliges haben. Das Unwirkliche wird von ihm sehr realistisch gemalt, so dass man das Gefühl hat, es anfassen zu können. Gleichzeitig scheint sich in vielen Arbeiten eine Art Nebel vor das Motiv zu schieben und das Dargestellte wirkt ganz verklärt. Als magisch könnte man seine Werke bezeichnen!

Oelze und Worpswede

Im Frühjahr 1939 kam Richard Oelze zum ersten Mal nach Worpswede. Vielleicht war es der Ruf Worpswedes als Künstlerort, der ihn dazu brachte, dorthin zu ziehen. Eine Unterkunft fand er in Martha Vogelers Haus im Schluh. Im Herbst 1940 musste er Worpswede jedoch schon wieder verlassen, weil er als Soldat einberufen wurde.

Erst 1945, nach Ende des Zweiten Weltkrieges, konnte er wieder nach Worpswede zurückkehren. Er lebte unter ärmlichen Verhältnissen in einem kleinen Gartenhaus. Der Blick aus diesem Häuschen begegnet uns in vielen seiner Bilder. Später arbeitete er dann

Richard Oelze: Selbstbildnis vor Landschaft (1947/48)

Richard Oelze: Gold (1947)

in einer alten Scheune. Obwohl der Surrealismus nun mittlerweile nicht mehr aktuell war und die modernen Künstler rein abstrakte Werke schufen, blieb Oelze seiner Art zu malen sein Leben lang treu.

Er war ein Einzelgänger und das nicht nur in der Kunst, sondern auch in seinem Leben. 17 Jahre lebte Richard Oelze in Worpswede, bevor er sich 1962 mit seiner Lebensgefährtin Ellida Schargo von Alten nach Posteholz bei Hameln zurückzog. Ellida war selbst Malerin und ließ sich in ihrer Art zu arbeiten von ihm sehr stark beeinflussen. Richard Oelze starb dort am 27. Mai 1980.

„Ich habe mich in meine eigene Welt zurückgezogen."

Richard Oelze

Richard Oelze: Erwartung (1935/36)

Willy Dammasch:
Porträt des Malers
Walter Bertelsmann (1924)

Typische nationalsozialistische Kunst:
Adolf Wissel: Calenberger Bauernfamilie (1939)

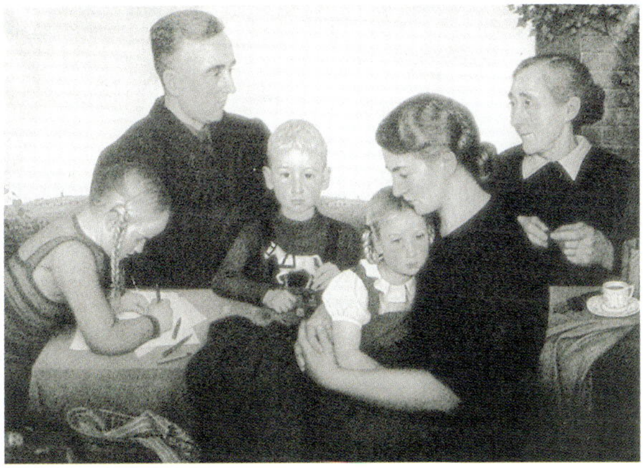

Zweiter Weltkrieg – „Entartete Kunst“

Verfolgung und Malverbot

Als Adolf Hitler 1933 mit den Nationalsozialisten an die Macht kam, musste die gesamte deutsche Bevölkerung seinen menschenverachtenden Gesetzen folgen.

So nahm er auch Einfluss auf die Kunst und benutzte sie, um seine politischen Vorstellungen zu verbreiten. Als Kunst anerkannt wurde nur noch, was Hitler als typisch deutsch empfand und verherrlichend dargestellt war. Dazu gehörten Bilder von Arbeitern, Bauern und Soldaten, die ihre Pflicht erfüllten, oder Kriegsszenen mit siegreichen Helden. Alle Dargestellten waren kräftig gebaut, blond und blauäugig und entsprachen Hitlers Bild eines gesunden Deutschen. Ganz wichtig waren auch Gemälde, die Mütter mit ihren Kindern und eine heile Familienwelt zeigten.

Alles, was nicht seinen Idealen entsprach, bezeichnete Hitler als *entartet*. So z. B. Bilder, die expressionistisch, also nach dem eigenen Gefühl des Künstlers, oder auch abstrakt gemalt wurden. Das hatte zur Folge, dass die gesamte moderne Kunst als entartet missachtet wurde und alle Werke dieser Künstler aus den Museen und sogar aus privatem Besitz entfernt werden mussten.

1937 wurden diese Werke unter dem Titel *Entartete Kunst* in München ausgestellt, um zu zeigen, wie man ab jetzt auf keinen Fall mehr malen durfte. Viele dieser Kunstwerke behielt der Staat, um sie ins Ausland zu verkaufen, andere wurden 1939 in Berlin öffentlich verbrannt.

Einem großen Teil der modernen deutschen Künstler wurde nicht nur verboten, ihre Bilder auszustellen, sie durften nicht einmal mehr arbeiten. Taten sie es doch, wurden sie verfolgt, ins Gefängnis gebracht oder sogar getötet. Um die Künstler zu kontrollieren, ob sie sich auch an das Malverbot hielten, schickte man ihnen Spione ins Haus. Einige malten dann trotzdem heimlich, andere flohen ins Ausland.

Emil Nolde, der als entarteter Künstler galt, erhielt von den Nationalsozialisten Malverbot. Obwohl er ausspioniert wurde, arbeitete er weiter. Damit ihn die Staffelei und der Geruch von Farbe nicht verraten konnten, malte er mit Aquarellfarben auf etwa postkartengroßen Blättern, die er gut verstecken konnte. Es entstanden über 1300 Bilder, die er später passenderweise *Ungemalte Bilder* nannte.

Ungemalte Bilder

Fritz **Mackensen:** Drei Generationen (1938, 1945 zerstört, Schwarz-Weiß-Reproduktion)

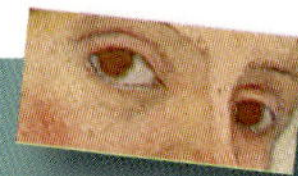

Wenn wir dieses Bild von Fritz Mackensen anschauen und mit seinen anderen Menschenbildern vergleichen, wirken die Familienmitglieder hier sehr künstlich und fast erstarrt.

Es scheint so, als hätten sie sich extra für den Maler aufgestellt, um sich von ihrer besten Seite zu zeigen. Keiner von ihnen lacht oder lächelt auch nur.

Erstarrt

Willy Dammasch

Fritz Mackensen im Dienste der Nationalsozialisten

Der *Nationalsozialismus* ist eine Bewegung, die in Deutschland nach dem Ersten Weltkrieg aufkam. Die Nationalsozialisten, die von 1933 bis 1945 an der Macht waren, glaubten, dass ihre eigene Nation, also Deutschland, den höchsten Wert hätte. Mit Adolf Hitler an der Spitze wollten sie die absolute Macht. 1939 lösten die Nationalsozialisten den Zweiten Weltkrieg aus, den sie 1945 verloren.

Wie wirkte sich nun die Macht Adolf Hitlers auf die Orte Worpswede, Lilienthal und Fischerhude aus? Gab es hier Künstler, die als entartet galten oder passten sie sich gar den Nationalsozialisten an?

In Worpswede finden wir beides. Es war Fritz Mackensen, der sich mit einigen seiner Werke anpasste. So mit seinem Bild *Drei Generationen* (Bild oben links). Hier stellte er eine Familie ganz nach Hitlers Vorstellungen dar. Er wollte sich beliebt machen, gelobt und geachtet werden, darum biederte er sich den neuen Machthabern an. Ob er wirklich von dem politischen System überzeugt war, können wir nicht so genau wissen...

Es heißt, dass Mackensen später sogar für eine nationalsozialistische Zeitung als Spion gegen Heinrich Vogeler und Bernhard Hoetger arbeitete. Es kam damals häufig vor, dass einige Künstler die Kollegen verrieten. Manchmal taten sie es, um von der Partei anerkannt zu werden, andere hatten einfach Angst vor Verfolgung. Denn wirklich frei arbeiten konnte damals niemand.

Verfolgter Verfolger

Eines Tages (1934) kam sogar eine Razzia von der Gestapo auf den Barkenhoff, um dort nach „entarteter“ Kunst zu suchen. Das machte dem Künstler Carl Emil Uphoff Angst, denn er hatte einige expressionistische Plastiken geschaffen, die er dann schnell vergrub.

Daraufhin änderte er seine Malweise und passte sich mit einem realistischen Stil an.

Vielleicht hatte er eine so große Furcht, verfolgt zu werden, dass er schon bald die Rollen tauschte und für die Nationalsozialisten arbeitete. Bei einer Ausstellung der Kollegen hatte er dann auf einmal zu entscheiden, was als entartet galt und entfernt werden musste.

Die Ausstellung *Entartete Kunst* wurde am 19. Juli 1937 in München eröffnet und zeigte 650 beschlagnahmte Kunstwerke aus 32 deutschen Museen. Bis April 1941 war sie noch in zwölf weiteren Städten zu sehen. Auch die beiden Selbstbildnisse (links) von Paula Modersohn-Becker sollen dort gezeigt worden sein.

Organisiert wurde die Ausstellung von Joseph Goebbels, dem Leiter des Reichsministeriums für Volksaufklärung und Propaganda. Ihr Zweck war, die Künstler zu verspotten und zu zeigen, welche Kunst nicht mehr erlaubt war.

Entartete Kunst

Paula Modersohn-Becker: Selbstbidnis mit Kamelienzweig (links, 1906/07) und Selbstbildnis als stehender Akt mit Hut (rechts daneben, 1906)

Flucht ins Moor

Zu den Bildern, die Carl Emil Uphoff als „undeutsch" aus einer Ausstellung entfernen ließ, gehörten auch Gemälde von Willy Dammasch. Dieser Künstler war einige Jahre zuvor aus seiner Geburtsstadt Berlin nach Worpswede gekommen. Willy Dammasch war sehr klein und entsprach damit nicht den Vorstellungen der Nazis von einem gesunden und kräftigen deutschen Mann.

Da er ein expressionistischer Maler war, wurden seine Bilder aus den Ausstellungen entfernt, damit hörte er auf zu malen. Aus Angst vor den Nazis versteckte er sich in einem abgelegenen Haus im Moor. Aber auch dort fühlte er sich verfolgt und kam erneut nach Berlin.

Nach dem Krieg kehrte er nach Worpswede zurück. Ein großer Teil seines Werkes galt zunächst als verschollen oder von Besatzern zerstört. Willy Dammasch hatte seine Bilder bei einer Bekannten in Stade eingelagert, die sie nicht mehr hergeben wollte. Erst durch die Unterstützung von Freunden gelang es dem Maler, einen großen Teil seiner Bilder zurückzuholen.

Auch die Bilder von Paula Modersohn-Becker galten als „entartet". Hässlich fanden die Nationalsozialisten ihre Menschen. In einer Zeitung wurden ihre doch so einfühlsamen Menschen sogar als idiotische Gestalten und als krank bezeichnet. Zwei Bilder sollen von ihr in der Münchner Ausstellung *Entartete Kunst* gezeigt worden sein: *Selbstbildnis mit Kamelienzweig* und *Selbstbildnis als stehender Akt mit Hut.* Beide wurden später von den Nationalsozialisten aus den Museen entfernt. Insgesamt hat man 23 Bilder, 22 Zeichnungen und 23 Druckgrafiken von Paula beschlagnahmt, in Berliner Depots gebracht und von dort ins Ausland verkauft. Auf diese Weise wurde mit der „entarteten Kunst" auch noch Geld verdient.

Nach dem Zweiten Weltkrieg wurde ihr Werk wieder entdeckt. Jetzt sah man es endlich mit anderen Augen. Und so wurde sie zu einer der berühmtesten Künstlerinnen Deutschlands.

Willy Meyer-Osburg:
Komposition (um 1957)

links:
Helmut Heinken im Atelier

rechts:
Fritz Uphoff:
Bemalter Atelierschrank (1923), die früheste abstrakte Malerei eines Worpsweders überhaupt.

Weg vom Gegenstand

Die Junge Gruppe Worpswede

Ein neuer Anfang ...

Durch den Nationalsozialismus und den Krieg waren alle modernen Entwicklungen in der Kunst gebremst worden. Es hatte nur noch Adolf Hitler vorgeschrieben, wie Kunst aussehen sollte. Als der Krieg 1945 zu Ende war, mussten die Künstler erst einmal wieder herausfinden, in welchem Stil sie eigentlich malen wollten. Von dem Druck, den sie im Nationalsozialismus erlebt hatten, befreiten sie sich. Jetzt wollten sie keine Gegenstände mehr malen.

Sie wollten die Farbe spontan auf die Leinwand bringen, damit sie dort Spuren, Linien, Flecken und Flächen hinterlässt. Dabei malte der Künstler ganz nach seiner eigenen Stimmung.

Diese Kunst, bei der der Maler zu Beginn nicht weiß, wie das Bild am Ende einmal aussieht, nennt man *informelle Malerei* oder *abstrakten Expressionismus.* In Amerika ging der Künstler Jackson Pollock sogar so weit, dass er die Farbe direkt aus dem Topf auf die Leinwand tropfen ließ und je nach Gefühl die Farbe weiter mit den Händen oder Pinseln verteilte.

In Worpswede, Fischerhude und Lilienthal kümmerten sich die Künstler zunächst nicht um die modernen Entwicklungen. Der Krieg hatte die Region verschont, so dass kaum etwas zerstört wurde. Worpswede und Fischerhude waren also immer noch kleine, verträumte, ruhige Dörfer mit Bauernhöfen und Wiesen, auf denen mitten im Ort die Schafe weideten.

Abstrakt nennt man die Kunst, die keine Gegenstände darstellt. Man spricht daher auch von *ungegenständlicher Kunst.* 1910 schuf der Maler Wassiliy Kandinsky sein erstes abstraktes Aquarell. Bald darauf begann sich diese neue Richtung zu verbreiten.

Helmut Heinken: Komposition (1960)

Jackson Pollock: Nr. 4 (1950, Ausschnitt)

Jackson Pollock (1912-1956) hat riesige Leinwände auf dem Boden ausgebreitet und die Farbe heruntertropfen lassen. Manchmal bewegte er sich dann wie in einem Rausch und hat dabei die Farbe verspritzt und verschmiert. Statt eines Pinsels verwendete er Holzstücke, Messer oder Mauerkellen. Damit entwickelte er einen neuen Stil, den man *Action Painting* nennt.

Action Painting

Es schien, als wäre die Zeit hier ein wenig stehen geblieben. Auch einige Künstler malten immer noch wie Fritz Mackensen und seine Freunde es um 1900 taten. So z. B. Walter Bertelsmann und Karl Krummacher. Sie hatten damit auch sehr viel Erfolg, denn viele Menschen liebten diese Landschaften.

Doch die jungen Künstler, die um 1950 aus größeren Städten wie Bremen und Hamburg nach Worpswede zogen, kamen nicht dorthin, um die schöne Landschaft darzustellen. Sie suchten nur einen ruhigen Ort, um nach ihren eigenen Ideen frei und abstrakt zu malen. Unter dem Namen *Junge Gruppe Worpswede* schlossen sich 1956 Helmut Heinken, Winhard Lumma, Henry Garde, Dieter Wallert und Egon-Karl Nicolaus zusammen. Später kam auch noch der Maler Willy Meyer-Osburg dazu.

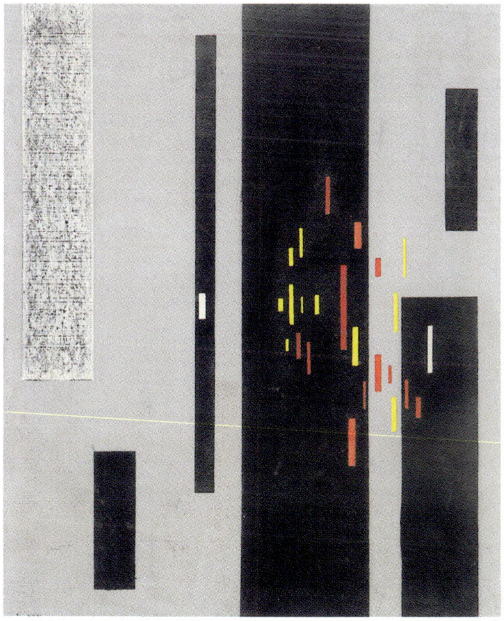

Egon-Karl Nicolaus: Dispersion (1957)

Helmut Heinken: Stilleben mit Glühbirne (1962)

Wenn wir nun einige dieser Künstler vorstellen, wird sich zeigen, wie vielfältig die Malerei jetzt wurde.

Egon-Karl Nicolaus - vom Spiel mit senkrechten Linien

Aus Hamburg kam Egon-Karl Nicolaus nach Worpswede. Der Künstler, der mit den farbigen Linien spielte, hatte in seiner Heimatstadt und später in Stuttgart studiert. Sein Lehrer dort hieß Willi Baumeister. Er gehört zu den wichtigsten Malern der abstrakten Kunst jener Jahre.

Wenn wir die Bilder von Egon-Karl Nicolaus anschauen, sehen wir eine ganze Menge Striche, die überall auf dem Blatt oder der Leinwand verteilt sind. Es sind dicke und dünne, kurze und langen Striche in verschiedenen Farben. Dabei rücken manche Striche enger zusammen, während zwischen anderen der Ab stand größer ist. Einige liegen höher und andere tie fer im Bild. Bei all diesen Unterschieden bleibt eines immer gleich: Alle Striche stehen senkrecht im Bild. Das ist typisch für den Künstler. Er sagte: *Ich will dem Beschauer Ruhe geben (...).*

Egon-Karl Nicolaus hoffte also, dass die Betrachter seiner Bilder sich entspannen und zur Ruhe kommen. Und... gelingt es ihm? Er war der Meinung, dass senkrechte Linien diese Wirkung haben, weil sie auch ein wenig an Baumstämme erinnern, die tief in der Erde verwurzelt sind.

Da man in den Bildern von Egon-Karl Nicolaus nur Linien und geometrische Formen sieht, zählt man seine Kunst zum so genannten *Konstruktivismus*.

Die Idee des *Konstruktivismus* war, alle malerischen Entwicklungen beiseite zu legen und mit geometrischen Formen und Farbflächen noch einmal ganz von vorn anzufangen. Hauptvertreter des Konstruktivismus war um 1915 der russische Maler Kasimir Malewitsch.

Willy Meyer-Osburg: Ohne Titel (1994)

Willy Meyer-Osburg: Komposition (1957)

*„Ich male so,
wie ich lebe, wie ich
fühle und denke,
wie ich bin …“*

Egon-Karl Nicolaus

Willy Meyer-Osburg - Farben und Formen begegnen sich

Die Farbe, das sieht man gleich in seinen Bildern, ist das Wichtigste für Willy Meyer-Osburg. Auch er malte keine Gegenstände, Landschaften oder Tiere. Er ließ sich nur manchmal von der Natur und ihren Farben anregen. So kam es vor, dass er den Schatten eines vorbeifliegenden Vogels als bloße farbige Form auf seine Leinwand brachte. Und wenn Weiß, Blau, Grün und helle Sandfarbe in einem Bild auftauchen, dann dachte der Künstler beim Malen vielleicht an einen Tag am Meer…

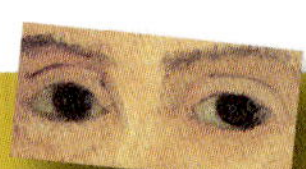

Komplementärfarben nennt man die Farben, die sich auf dem Farbkreis gegenüberliegen. Sie bilden drei Farbpaare: Rot und Grün, Gelb und Violett und Blau und Orange. Wenn man diese Farben nebeneinander verwendet, verstärken sie sich gegenseitig in ihrer Leuchtkraft. Dann spricht man vom Komplementärkontrast.

Komplementärfarben

Die Farben, so scheint es, spielen ihr ganz eigenes Spiel bei Willy Meyer-Osburg. Sie begegnen und berühren sich, manchmal legt sich an einer Stelle auch die eine Farbe über die andere. Mal ist sie ganz dick aufgetragen, dann wieder erscheint sie vollkommen durchsichtig.

Für die leichten transparenten Stellen ist die Aquarellfarbe sehr gut geeignet. Dort, wo die Farbe dann dichter wirkt, hat sich der Künstler für die deckende

Dieter Wallert: Komposition (1958)

Dieter Wallert in seiner *Freiluftgalerie* (1957)

Ölfarbe entschieden. Oft nutzt er auch die leuchtende Wirkung der Komplementärkontraste.

Dieter Wallert – Explosion von Farben und Linien

Man könnte fast glauben, dass es in der Tiefe des Bildes eine Explosion gegeben hätte, die die Farben und Linien an die Oberfläche schießen lässt. Wenn man das Bild von Dieter Wallert anschaut, glaubt man, alles ist in Bewegung. Der Künstler, der aus Zoppot, einem Ort in der Danziger Bucht, stammt, schloss sich nur für kurze Zeit der *Jungen Gruppe Worpswede* an. Schon 1959 ging er nach Italien und lebte später bis zu seinem Lebensende auf Mallorca. Wie hier in diesem Bild, malte er oft nicht nur mit dem Pinsel, sondern auch mit dem Spachtel. Das kann man ganz gut an diesen feinen Kanten der breiten Farbflächen erkennen. Dabei arbeitete er – wie es das Bild deutlich zeigt – mit viel Schwung und Temperament.

Die *Junge Gruppe Worpswede* sollte nicht sehr lange bestehen. Eineinhalb Jahre nachdem sich die Künstler zusammengeschlossen hatten, trennten sie sich schon wieder. Während ihrer gemeinsamen Zeit waren sie aber recht erfolgreich auf verschiedenen Ausstellungen vertreten - nicht nur in Norddeutschland, auch in Kopenhagen und Paris.

Nachdem sich die Gruppe aufgelöst hatte, verließen die meisten Mitglieder Worpswede, um in größere Städte oder ins Ausland zu gehen. Doch für die Entwicklungen im Künstlerort waren sie wichtig, denn mit ihnen kamen die ersten modernen Maler nach dem Zweiten Weltkrieg in die Region.

Natascha Ungeheuer
Kopfkarussell (2005)

„Meine Bilder sollen nicht nur schön sein …“

Uwe Häßler

Margaret Kelley: The Way It Is and the Way It Could Be VII (2006)

Alles ist möglich!

Woran arbeiten die Künstler der Gegenwart?

Wir haben gesehen, dass sich die Kunst im Laufe der Jahre ständig entwickelt und verändert hat: Der weite Himmel und die Landschaft, die Bauern bei der Arbeit, Wildes und Buntes, Traumhaftes und schließlich nur noch Farben und Formen… Schon bald wurde in der Kunst alles möglich! Man muss sich nur einmal vorstellen, dass ein Marcel Duchamp sogar ein Pinkelbecken und ein Joseph Beuys Fett zu Kunstwerken erklärten.

In diesem Kapitel wollen wir nun zeigen, dass jeder Künstler, der heute nach Worpswede, Fischerhude oder Lilienthal kommt, seinen ganz eigenen Stil hat. So finden wir eine bunte Mischung von gegenständlichen und abstrakten Arbeiten mit kräftigen Farben oder zarten Tönen. Mal wirken die Bilder eher laut, dann mal wieder leise.

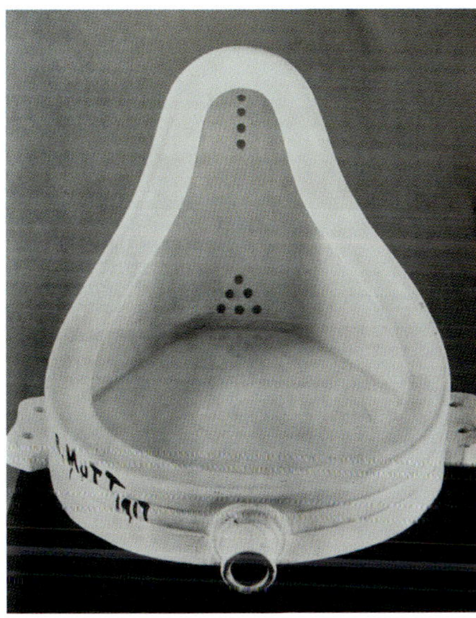

Marcel Duchamp: Brunnen (1917)

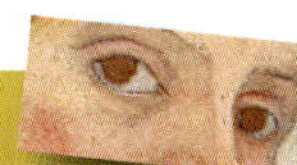

Es war der französische Künstler Marcel Duchamp (1887-1968), der 1914 aufhörte zu malen. Stattdessen hatte er die Idee, Alltagsgegenstände wie ein Pinkelbecken ins Museum zu stellen und einfach als Kunstgegenstand zu erklären. Damit wollte er provozieren und die Frage stellen, was Kunst eigentlich ist. Er löste damit einen großen Skandal aus.

Pinkelbecken als Kunstwerk?

Werner Zöhl: Blick auf das Dorf (2001)

Uwe Häßler: Menschenräume (2005)

Werner Zöhl (*1926)

Bevor Werner Zöhl die Natur oder ein Stillleben malt, sammelt er seine Eindrücke im Wald oder in den Wiesen. Wenn er später im Atelier auf der Leinwand arbeitet und Menschen, Tiere und Pflanzen darstellt, verändert er ihre natürlichen Formen nach seinen eigenen Ideen. Überall auf dem Bild finden wir geometrische Elemente wie Dreiecke, Rechtecke oder Halbkreise, manchmal auch weiche, fließende Formen.

Das fertige Bild besteht dann aus ganz vielen Einzelteilen, die auch immer eine eigene Farbe haben. Das können wir in dem Gemälde *Blick auf das Dorf* sehr gut erkennen: In der Mitte des Bildes hockt eine Taube. Ihr Hinterteil besteht aus vier verschiedenen Dreiecken, die alle eine andere Farbe haben.

In den Werken von Werner Zöhl können wir immer etwas Neues entdecken. Und wenn wir genau schauen, sind darin kleine Geschichten oder Märchen verborgen.

Uwe Häßler (*1938)

Meine Bilder sollen nicht nur schön sein, sagt der Maler Uwe Häßler. *Auch Leid und Not gehören dazu.* Und wirklich, in seinen Bildern sehen wir meistens Menschen mit traurigen und unglücklichen Gesichtern. Oft sind sie ganz dicht aneinandergedrängt und wirken verzweifelt in ihrer Situation. Werfen wir nun einen Blick auf die *Menschen-Räume:* Es scheint so, als würden wir vor einem Haus stehen und durch verschiedene Fenster Menschen beobachten.

So hockt eine Frau ganz eng zusammengekauert in einem Raum, in dem sie kaum Platz hat, eine andere wendet uns den Rücken zu, während von einem traurig blickenden Mann nur Schultern und Kopf zu sehen sind. Obwohl die Menschen so dicht zusammen sind, haben sie keinen Kontakt zueinander. Sie wirken einsam.

Vieles können wir in den Bildern von Uwe Häßler lesen. Doch geht es dem Künstler nicht nur um den Inhalt. Er beschäftigt sich auch mit der menschlichen Figur, weil er sie in nahezu unendlichen Formen und Bewegungen darstellen kann. So ist für ihn der Mensch ein unerschöpfliches Motiv.

links:
Friedrich Meckseper:
Memento mori
(Radierung, 1987)

rechts:
Hans-Georg Rauch:
Popfestival (1979)

Friedrich Meckseper (*1936)

Man betritt die Fläche der Kupferplatte wie eine unbekannte Landschaft, wie eine Einöde (...), sagt Friedrich Meckseper, der mit seinen Radierungen in der ganzen Welt bekannt geworden ist.

Wenn der Künstler mit der Arbeit beginnt, tauchen in dieser unbekannten Landschaft seiner Kupferplatte ungewöhnliche Dinge auf. So finden wir Kegel, Uhren, chemische und physikalische Messgeräte, Meilensteine, Elefanten zum Aufklappen oder Fische mit einem technischen Innenleben. Der Künstler sagte einmal, dass er mit seiner Arbeit eine gewisse Ordnung schaffen will. Doch was haben Bücher, ein Totenschädel, eine Messlatte und eine antike Säule zusammen in einem Bild zu suchen? Die Ordnung besteht darin, dass ein Teil der Gegenstände der Vergangenheit und der andere der Gegenwart zugehören.

Und der Totenschädel? Damit will Friedrich Meckseper darauf hinweisen, dass alles im Leben vergänglich ist. Aus diesem Grund nennt er das Bild auch *Memento mori*, denn aus dem Lateinischen übersetzt bedeutet es *Gedenke des Todes*.

Hans Georg Rauch (1939-1995)

Eine hügelige Landschaft mit Steinen und Pflanzen? Wenn wir die Zeichnung von Hans-Georg Rauch betrachten, wissen wir auf den ersten Blick nicht genau, was es sein soll.

Das ist typisch für den Künstler, der mit den Linien und Formen so geschickt spielt, dass wir das Motiv oft erst auf den zweiten Blick erkennen können oder dann, wenn wir den Titel lesen. *Popfestival* heißt dieses Bild, das mit Farbstift gezeichnet wurde. Langsam wird klar, dass hier unzählige Menschen auf einer großen Wiese zusammengekommen sind. Sie liegen dort zum Teil unter Decken, sind dicht aneinandergerückt oder umarmen sich.

Hans-Georg Rauch, der zu den bedeutendsten Zeichnern Deutschlands gehört, war politisch sehr engagiert. In der Wochenzeitung *Die Zeit* brachte er über viele Jahre durch seine schwarzweißen Federzeichnungen seine Kritik an Umweltverschmutzung, Waldsterben oder Ausländerfeindlichkeit zum Ausdruck.

Martin Vosswinkel: Farbmühlen grün

Pit Morell: Tableau Russe

Der Maler Pit Morell ist auch ein Dichter:

Hammebrücke.
Van Gogh-Brücke nenne ich sie.
Weil sie der Brücke auf einem seiner Bilder ähnelt.
Der Weg von hier aus eine Stunde nach Westen ist der schönste.
Sandwege erinnern an die Nähe vom Strand.
Meeresluft weht hier.

Martin Vosswinkel (*1963)

Farbmühlen nennt der Künstler diese Arbeit, die man als Betrachter sogar verändern darf. Denn die einzelnen Rollen kann man drehen, so dass es zu immer neuen Farbspielen kommt.

Hier haben wir kein Motiv, das auf eine Leinwand oder Holzplatte gemalt wurde, sondern viele kleine Farbrollen in verschiedenen Grüntönen. Diese Rollen ordnete der Künstler neben- und übereinander zu einem Bildobjekt an.

Dazu kaufte er sich in einem Malergeschäft Schaumstoffwalzen, die man sonst zum Streichen von Türen oder Fenstern benutzt. Martin Vosswinkel tauchte diese dann in grüne Farbe, wo sie sich so richtig vollsaugten. Das jede Rolle anders aussieht, erreicht er damit, indem er einige kürzer und die anderen länger in die Farbe legte.

Martin Vosswinkel ist ein Künstler, dem es nicht wichtig ist, ein Motiv oder etwas Abstraktes zu malen. Ihn interessieren die Farben, deren Wirkung er in immer neuen Objekten darstellt.

Pit Morell (*1939)

Was ist mit diesem Bild los? Wie herum muss man es betrachten? Was ist eigentlich dargestellt? Erkennen lassen sich zwei Frauen und ein männliches Wesen, das durchaus auch Ähnlichkeit mit einem Außerirdischen hat. Dazwischen finden wir verschiedene Formen, Farben und Linien, die sich nicht so recht deuten lassen.

Pit Morell erzählt in seinen Bildern Geschichten aus Erlebnissen und Träumen. In seiner Fantasie verwandelt er die Erinnerungen daran in eine bunte unwirkliche Märchenwelt, in der man auf Feen, Zwerge und Riesen trifft. Oft sind es die Familie und Freunde des Künstlers, die auf diese Weise in den Bildern erscheinen.

Seine Geschichten spielen nicht nur in Worpswede, sondern sehr oft auch in einem Land, das der Künstler Humi nennt. Damit erinnert er sich an den Ort Hümme, in der Nähe von Kassel, wo der Künstler seine Kindheit verbrachte. Wer weiß, an welches Erlebnis er dachte, als er dieses Bild malte...

Natascha Ungeheuer: Heiß und kalt

Ivanka Svobodová-Rinke: Pixel Paula

Paula Modersohn-Becker: Selbstbildnis (Ausschnitt)

Natascha Ungeheuer (*1939)

In diesem Bild geht es ganz schön verrückt zu. Mitten durch einen Raum fließt ein Fluss und in dem Fluss schwimmt ein Fisch, aus dessen Maul ein Mensch herausschaut. Unten rechts sitzt eine Frau, die eine Glasglocke mit zwei Tauben auf dem Kopf hat. Eine dritte Taube, die gerade ein Krokodil füttert, hält sie in der Hand. Schaut man an die Wände, glaubt man, dass sich der Raum mitten im Dschungel befindet, doch durch die Fenster sehen wir eine Winterlandschaft.

Bevor Natascha Ungeheuer Malerin wurde, spielte sie in einem Straßentheater in Berlin, malte Bühnenbilder und erzählte Geschichten. Schon immer beobachtete und studierte sie das Leben und die Menschen genau, so dass sie eine Menge bunter Ereignisse in ihrem Kopf gespeichert hat. *Wenn ich male, unternehme ich eine Forschungsreise in mein Inneres,* sagt die Künstlerin. Die einzelnen Stationen dieser Reisen erscheinen dann in bunter Vielfalt auf der Leinwand. Dabei malt Natascha Ungeheuer so, als würde sie eine Buchseite beschreiben: Sie beginnt in der oberen linken Ecke und endet mit dem letzten Pinselstrich an der rechten unteren Seite.

Ivanka Svobodová-Rinke (*1951)

Hier wurde nicht mit dem Pinsel, sondern mit der Maus gemalt. *Pixel Paula* nennt die Künstlerin Ivanka Svobodová-Rinke ihre Arbeit, die mit dem Computer entstanden ist.

Sie besteht nicht nur aus einem Bild. Auf dem Bildschirm könnten wir sehen, dass sich Pixel-Paula immer wieder verändert. Als Vorbild wählte die Künstlerin das *Selbstbildnis* von Paula Modersohn-Becker *mit zwei Blumen in der Hand* (Bild oben rechts). Dieses verwandelte sie am PC immer wieder, so dass am Ende über 100 einzelne Bilder entstanden, die eine Geschichte erzählen. Man kann sie durch feine Änderungen von Bild zu Bild verfolgen.

So wird eine Hand gezeigt, in der eine Blume wächst, ein Schmetterling kommt angeflogen, fliegt wieder weg und verwandelt sich in eine goldene Kugel. Im nächsten Bild platzt die Kugel und die goldene Farbe wird zu feinem Goldstaub, der sich auf Paulas Haare und Lippen legt. Dann verschwinden die beiden Blumen. Im folgenden Bild wird ihr Haar gelockert und so setzen sich die Verwandlungen von *Pixel Paula* immer weiter fort.

links:
Peter-Jörg Splettstößer:
Fragment 12 (2004/5)

rechts:
Margaret Kelley:
The Burden and the Leap
(1995)

Peter-Jörg Splettstößer (*1938)

Auf den ersten Blick können wir auf dem Bild, das Peter-Jörg Splettstößer gemalt hat, nur ein Gewirr von vielen kleinen bunten Pinselstrichen erkennen. Doch nimmt man sich ein wenig Zeit, sieht man Köpfe, Gesichter und menschliche Körper, die an vielen Stellen im Bild herumschwirren. Was hat der Künstler hier gemacht?

Er hat eine Reproduktion von einem Werk des berühmten Malers Michelangelo, der im 15. Jahrhundert lebte, in kleine Quadrate zerschnitten und neu zusammengestellt. Michelangelo hatte auf seinem Gemälde mit dem Titel *Weltgericht* Jesus dargestellt, wie er mit Engeln und Heiligen Gericht über die Menschen hält. In dem Bild von Peter-Jörg Splettstößer geraten diese Figuren nun alle durcheinander, werden geteilt und zerschnitten, so dass nur noch einzelne Teile von ihnen zu sehen sind.

Danach geht es dann an die malerische Arbeit. Dazu hat der Künstler die Farben Gelb, Rot und Blau gewählt und kurze Linien und Pinselstriche nach seinen eigenen Ideen so auf das Bild gebracht, dass es scheint, als wäre dort alles in Bewegung.

Margaret Kelley (*1954)

Aus Linien, Strichen und Farbflächen baut Margaret Kelley, die aus Los Angeles stammt, ihre Bilder auf. Doch bestehen ihre Gemälde nicht nur aus Farbe. Wenn man genau schaut, erkennt man, dass die Künstlerin Papiere, Pappen und Zeitungen auf die Leinwand geklebt hat. Einige sind übermalt, bei anderen sind die gedruckten Worte noch zu erkennen.

Die einzelnen Farben und Formen im Bild berühren sich oder stoßen einander ab, überlagern sich oder treffen sich, um dann in verschiedene Richtungen zu laufen. In fast allen Bildern taucht eine große Linie auf, die sich von links nach rechts über das Bild erstreckt.

Für Margaret Kelley ist dies die Lebenslinie. Also geht es in ihren Werken um das Leben? Ja, und um Erlebnisse, Gedanken und Gefühle darzustellen, erfindet sie ganz neue Zeichen, die sich nicht so einfach übersetzen lassen. Aber es ist sicher interessant, wenn wir einmal in uns hineinhorchen und dabei herausfinden, was wir beim Betrachten der Bilder fühlen und denken.

„Ich versuche immer wieder, mit meinen Arbeiten Fragen zu stellen.“

Frauke Migge

Frauke Migge (*1941)

Mitten in der Landschaft, unter einem riesigen Wolkenhimmel, steht ein Stuhl. Über der Lehne hängt eine Tasche so, als wäre jemand nur für einen Moment weggegangen.

Setzen wir uns einen Augenblick auf den Stuhl, um zu schauen, was unser Vorgänger erlebt hat: Sicherlich hat er den Anblick der Natur genossen, der den Menschen immer viel Kraft gibt. Vielleicht hatte derjenige dann Furcht vor den dunklen Wolken und dem aufkommenden Gewitter und ist schnell ins Helle gelaufen, denn links im Bild, um den Baum herum scheint die Sonne. So kann man in diesem Bild Licht und Schatten und damit auch Traurigkeit und Hoffnung gleichzeitig erleben.

Forschen wir jetzt weiter im Bild, entdecken wir über den Wolken einen feinen weißen Bogen, einen Teil von einem Kreis. Da ein Kreis keinen Anfang und kein Ende hat, hat die Künstlerin dieses Symbol gewählt, um Endlosigkeit darzustellen.

Frauke Migge: Begegnung

Worpswede:
Die Käseglocke ❸

Worpswede: Kunsthalle Netzel ❶

Museen und Galerien

Ein Ausflug in die drei Künstlerorte

Was wäre ein Kunstwerk ohne eine Galerie oder ein Museum, in dem wir Kunst und Künstler kennen lernen können? In Worpswede, Fischerhude und Lilienthal gibt es verschiedene Häuser, in denen man einige der Werke finden kann, die wir hier vorgestellt haben. Gemeinsam wollen wir jetzt einen Spaziergang durch die Orte zu den wichtigsten Museen und Galerien unternehmen.

Beginnen wir in **Worpswede** in der Bergstraße und treten in die Kunsthalle Netzel, das älteste Ausstellungshaus, ein. Als der Buchbindermeister Friedrich Netzel 1879 sein Geschäft eröffnete, verkaufte er bald auch Farben und Pinsel. Damit wurde sein Haus zum ersten Künstlertreffpunkt in Worpswede. Sein Sohn stellte dann nach dem Ersten Weltkrieg die Bilder von Fritz Mackensen und seinen Freunden aus. Mittlerweile ist ein neues Haus mit riesigen Galerieräumen entstanden. Hier, in der **Kunsthalle Netzel** ❶ finden wir immer eine interessante Mischung aus traditioneller und zeitgenössischer Kunst.

Einige Schritte weiter, mitten in einem kleinen Park, entdecken wir ein ganz ungewöhnliches Haus: Es wurde aus roten Ziegelsteinen erbaut und sieht so aus, als hätten die Maurer hier mit den Steinen gespielt, denn sie haben sie mal vor, mal zurück, mal gerade oder längs gemauert, so dass es keine glatte Wand gibt. Der Architekt des Hauses, Bernhard Hoetger, wollte es so. Er sagte sogar zu seinen Maurern, dass sie auch nach ihrer eigenen Fantasie bauen sollten. Das machte ihnen natürlich Spaß! Schaut man den großen Giebel an, wirkt er mit seinen dunklen Balken wie ein typisches niedersächsisches Bauernhaus. Und doch sieht es irgendwie anders aus, denn Hoetger verwendete ganz krumme Balken. An dem Ende des unteren Balkens finden wir eine Holzfigur, wie man sie von Wikinger-Schiffen kennt. Ganz oben auf dem Dach wird es bunt! Bei dieser Figur könnte man an die Totempfähle von Indianern denken.

Als Hoetger dieses Haus 1925 baute, hatte er die Idee, hier ein Café einzurichten. Und weil die Leute

Was ist wo?
Die nummerierten Kunstorte in diesem Text finden sich auch auf den Landkarten im Einband dieses Buches wieder.

Worpswede: Ehemaliger Eingang zur Großen Kunstschau ❷

Der Barkenhoff ❹

Kleiner Tipp:
Mit dem Auto kann man zwar alles schnell und bequem erreichen – es ist aber auch sehr schön, die Künstlerdörfer mit dem Fahrrad zu entdecken. Dabei kann man die malerische Landschaft auch einmal selbst erleben – und gute Fahrradwege gibt es fast überall...

fanden, dass es ziemlich verrückt aussieht, nannten sie es das **Kaffee Verrückt.** Unter diesem Namen kennt man es heute noch, obwohl es eigentlich **Kaffee Worpswede** heißt. Neben dem Café entstand zwei Jahre später ein Ausstellungshaus, die **Große Kunstschau** ❷. Auch dafür ließ sich Hoetger wieder etwas Besonderes einfallen. Er baute einen runden Raum mit einem Dach, das sich wie eine offene Halbkugel nach außen wölbt. Zwischen Dach und Wand fällt das Tageslicht von oben in den Raum, so dass die Bilder, je nachdem, wie stark die Sonne scheint, immer anders wirken.

Zwischen dem Kaffee Worpswede und der Großen Kunstschau gibt es einen Durchgang, der in einen kleinen Wald führt. Folgen wir dem Weg, entdecken wir, versteckt hinter Bäumen, ein kleines rundes Haus. Das Dach scheint bis auf den Boden zu reichen und erst ganz unten finden wir die Regenrinne. Ganz oben auf dem Dach ragt wie ein Knauf zum Anfassen der Schornstein heraus. **Käseglocke** ❸ nennt man darum dieses Haus von 1926, in dem es allerdings keinen Käse, sondern regionales Kunsthandwerk zu sehen gibt. Bevor das Museum eingerichtet wurde, war die Käseglocke ein Wohnhaus. Man muss sich vorstellen, dass die Räume wie Tortenstücke um die Säule des Schornsteins liegen. Entworfen wurde das Haus übrigens von dem Berliner Architekten Bruno Taut, der zu seiner Zeit als sehr modern galt.

Nach dem Besuch in der Käseglocke machen wir uns weiter auf den Weg durch den Wald und kommen bald auf den **Barkenhoff** ❹. Von dieser großen weißen Jugendstilvilla in dem schön angelegten Garten haben wir ja schon erzählt. Früher wohnte Heinrich Vogeler hier. Man kann sich gar nicht mehr vorstellen, dass er das Haus aus einer kleinen, verfallenen Bauernkate aufbaute. Fotos aus der früheren Zeit findet man heute im Haus, denn der Barkenhoff ist ein Museum, in dem wir vieles über das Leben und Werk von Heinrich Vogeler erfahren und entdecken können.

Museum am Modersohn-Haus ❻

Doch was befindet sich heute in dem Seitengebäude, dort wo zu Vogelers Zeiten die Wirtschaftsräume und Ställe waren? Die riesigen Fenster in den Dächern geben schon einen Hinweis. Hier wurden große Ateliers eingerichtet. Stimmen in unterschiedlichen Sprachen dringen aus den Räumen, denn sie gehören zu den internationalen Künstlerhäusern. Diese Worpsweder Einrichtung gibt Künstlern aus aller Welt die Gelegenheit, ein Stipendium zu bekommen. Maler, Bildhauer, Schriftsteller und Komponisten können sich bewerben, um für einige Monate in Worpswede zu leben und zu arbeiten. Während dieser Zeit müssen sie keine Miete bezahlen und bekommen zusätzlich sogar noch etwas Geld. Es ist allerdings nicht einfach, ein Stipendium zu bekommen. Hunderte von Künstlern bewerben sich, und es sind immer nur wenige, die von einer Jury ausgewählt werden.

Wenn wir jetzt das Gelände des Barkenhoffs verlassen, können wir Heinrich Vogeler und seiner Familie noch einmal im **Haus im Schluh** ❺ begegnen. Dort,

Das Haus im Schluh ❺

Fischerhude: Otto-Modersohn-Museum ❽

Fischerhude: Der Buthmannshof ❾

wo Martha Vogeler nach der Trennung von ihrem Mann mit ihren drei Töchtern lebte.

Wenn man durch die beiden alten Bauernhäuser geht, ist es wie eine Entdeckungsreise, auf der man Bilder, Porzellan, Bücher und Briefe, aber auch Möbel finden kann. Es scheint fast so, als würde man eine Zeitreise zurück in das damalige Leben unternehmen. In einem Raum jedoch, der später angebaut wurde, stößt man wieder auf die Gegenwart; denn dort gibt es häufig Ausstellungen von zeitgenössischen Künstlern.

Zu einer Begegnung mit der Malerin Paula Modersohn-Becker kommt es in der Hembergstraße, im **Museum am Modersohn-Haus** ❻. Das kleine gelbe Holzhaus kann man kaum übersehen. Vor allem im Sommer nicht, wenn die vielen Rosen blühen, die das Haus umranken. Hier lebte die Malerin damals mit Otto Modersohn und hier starb sie auch. Wenn wir durch ihre ehemaligen Wohnräume gehen, ihre Gemälde und Fotos anschauen, können wir fast die Nähe der Malerin spüren. Nebenan, in dem großen angebauten Museum, finden wir eine Bildersammlung ihrer Worpsweder Kollegen.

Schräg gegenüber von Paulas Wohnhaus steht übrigens immer noch das Armenhaus, in dem die Künstlerin so viele Modelle für ihre Bilder fand. Heute ist es der **Projektraum,** in dem Stipendiaten und zeitgenössische Worpsweder Künstler ihre Arbeiten ausstellen. Ein Haus für die moderne Kunst also, in dem man außer Bildern auch ungewöhnliche Objekte und Video- oder Computerarbeiten sehen kann.

Jetzt fahren wir etwa 15 Kilometer weiter nach **Fischerhude** und biegen in die Straße In der Bredenau ein, die an der Wümme entlangführt. Ganz am Ende liegt dort, mitten in den Wiesen, das **Otto-Modersohn-Museum** ❽ . Wenn wir in das Haus hineingehen, blicken wir gleich durch ein großes Fenster in die Natur, die Otto Modersohn so liebte. In der

Lilienthal: Kulturzentrum Murkens Hof ⓬

Galerie Volker Kühn ⓫

Ausstellung können wir uns dann auf die Spuren des Künstlers begeben. Hier gibt es sogar noch erste Zeichnungen aus seinen Schulheften.

Mitten in Fischerhude, in der Straße Im Krummen Ort, kommt man zu einem der ältesten Bauernhäuser des Ortes. Es ist der **Buthmannshof** ❾, ein schönes Fachwerkhaus, das uns einlädt näher zu kommen und uns neugierig macht. Was verbirgt sich in diesen Räumen? Dort, wo früher eine Bauernfamilie mit ihren Tieren lebte, findet man heute Kunst. Der Fischerhuder Kunstverein sorgt für ein abwechslungsreiches Programm.

Unsere letzte Station ist **Lilienthal.** Wir fahren in den alten Ortsteil Trupe. Gegenüber von der kleinen Kapelle befindet sich das alte Küsterhaus, das 1899 erbaut wurde. Allerdings wohnt hier kein Küster mehr. Das Haus ist jetzt eine Heimat für die Lilienthaler Kunststiftung geworden. In der **Kunstschau Wümme-Wörpe-Hamme** ❿ finden wir Bilder von über 70 Künstlern aus 125 Jahren Malerei in Worpswede, Fischerhude und Lilienthal.

Wir sind nun am Ende unseres Ausfluges angekommen. Natürlich gibt es in den drei Orten auch noch **viele Galerien …** Es macht sicher viel Spaß, sie auf eigene Faust zu entdecken!

Lilienthal: Kunstschau Wümme-Wörpe-Hamme ❿ und Truper Kapelle

1914 wurde Bernhard Hoetger in Worpswede ansässig. Heinrich Vogeler und Hans am Ende meldeten sich freiwillig zum Kriegsdienst.

1916 richtete sich in Lilienthal Carl Jörres ein Atelier ein.

1919 gründete Heinrich Vogeler eine Kommune und Arbeitsschule auf dem Barkenhoff.

1920 errichtete Martha Vogeler das erste Haus im Schluh.

1923 wurde der Barkenhoff zum Kinderheim der Roten Hilfe.

1925 baute Hoetger das Kaffee Worpswede.

1927 wurde die Große Kunstschau fertig gestellt.

1931 siedelte Vogeler in die Sowjetunion über.

1939 kam Richard Oelze nach Worpswede.

1956 gründete sich die Junge Gruppe Worpswede.

1974 baute Christian Modersohn für die Werke seines Vaters in Fischerhude das Otto-Modersohn-Museum.

1997 wurde das Museum am ehemaligen Wohnhaus der Modersohns in Worpswede eröffnet.

seit 2000 2001 wurde in der Käseglocke das Museum für Worpsweder Möbel und angewandte Kunst eröffnet. 2003 gründete Hans Adolf Cordes die Kunststiftung Lilienthal. 2008 wurde die Große Kunstschau nach der Renovierung wieder eröffnet.

Bildnachweis

|Umschlag| Fritz Overbeck: In den Wiesen II (Ausschnitt, 1904/05), Kreissparkasse Osterholz |Seite 4| Fritz Mackensen: Torfkähne auf der Hamme (1897), Große Kunstschau Worpswede, © VG Bild-Kunst, Bonn 2008 |6| Fritz Mackensen: Frühlingssonne im Dorf (1895), Privatbesitz, © VG Bild-Kunst, Bonn 2008 |7| Wilhelm Rohmeyer: An der Wümme, Café im Rilke-Haus, Fischerhude | Christian Ludwig Bokelmann: Spielende Moorbauernkinder (um 1890), Lilienthaler Kunststiftung |8| Hans am Ende: Frühling in Worpswede (um 1900), Worpsweder Kunsthalle | Hans am Ende: Frühlingstag (1897), Kunsthalle Bremen |12| Christian Ludwig Bokelmann: Auswanderer (1894), Hamburger Museum für Archäologie und die Geschichte Harburgs |13| Camille Corot: Windstoß (um 1865), Collezione Grossi, Mailand | Charles Daubigny: Blühende Apfelbäume (1873), Metropolitan Museum of Art, New York |14| Otto Modersohn: Wolkenberge (um 1892), Otto-Modersohn-Museum, Fischerhude, © VG Bild-Kunst, Bonn 2008 |16| Heinrich Breling: Kornernte (1910), Privatbesitz | Fritz Mackensen: Herbst (1896), Kreissparkasse Osterholz, © VG Bild-Kunst, Bonn 2008 |17| Otto Modersohn: Lampionfahrt auf der Wümme (1911), Otto-Modersohn-Museum, Fischerhude, © VG Bild-Kunst, Bonn 2008 |18| Hans am Ende: Weites Land (1902), Kulturstiftung Landkreis Osterholz | Carl Vinnen: Moorlandschaft (1899), Lilienthaler Kunststiftung |19| Fritz Overbeck: Herbstmorgen (1898), Privatbesitz | Fritz Overbeck: Blühende Kastanien (1904), Privatbesitz |20| Fritz Mackensen: Der Säugling (1893), Kunsthalle Bremen, © VG Bild-Kunst, Bonn 2008 |22| Fritz Mackensen: Trauernde Familie (1896), Große Kunstschau Worpswede/Privatbesitz, © VG Bild-Kunst, Bonn 2008 |23| Fritz Mackensen: Gottesdienst im Freien (1895), Historisches Museum am Hohen Ufer, Hannover, © VG Bild-Kunst, Bonn 2008 |24| Paula Modersohn-Becker: Elsbeth zwischen Feuerlilien (1907), Privatbesitz | N.N., Porträt einer jungen Frau (um 160-180 n.Chr.), Musée du Louvre, Paris | Paula Modersohn-Becker: Selbstbildnis mit Kette (1903), Kunsthalle Bremen |25| Paula Modersohn-Becker: Selbstbildnis (1906), Kunstsammlungen Böttcherstraße, Bremen |26| Paula Modersohn-Becker: Stillleben mit Äpfeln und Bananen (um 1906), Kunsthalle Bremen |27| Pieter Claesz: Vanitas-Stillleben (1630), Mauritshuis, Den Haag |28| Paula Modersohn-Becker: Stillleben mit Birnen und Eierbecher (um 1905), Privatbesitz | Sophie Bötjer-Mallet: Gladiolen (um 1950), Worpsweder Kunsthalle |29| Otto Modersohn: Blumenstillleben, Worpsweder Kunsthalle, © VG Bild-Kunst, Bonn 2008 | Paul Cézanne: Steingutkrug (1893/94, Ausschnitt), Fondation Beyeler, Riehen/Basel | Albert Schiestl-Arding: Stillleben mit Büchern und Krügen (1929), Worpsweder Kunsthalle |30| Hans am Ende: Birkenwäldchen (Radierung, 1897), Worpsweder Kunsthalle |31| Heinrich Vogeler: Titel der Radierungsmappe *Vom Weyerberg* (1895), Worpsweder Kunsthalle |32| Heinrich Vogeler: Im Frühling (Radierung, 1897), Worpsweder Kunsthalle |33| Heinrich Vogeler: Die sieben Raben (Radierung, 1895), Worpsweder Kunsthalle | Heinrich Vogeler: Froschkönig (Radierung, 1896), Worpsweder Kunsthalle |34| Heinrich Vogeler: Dornröschen (Radierung, 1897), Worpswweder Kunsthalle | Fritz Overbeck: Die Windmühle (Radierung, 1893), Worpsweder Kunsthalle |35| Hans am Ende: Ätzproben aus dem Werkstattbuch, Worpsweder Archiv der Barkenhoff-Stiftung | Georg Tappert: Bauernhof in Worpswede (Holzschnitt, 1907), Privatbesitz | Bernhard Hoetger: o.T. (Litografie, 1923), Privatbesitz, © VG Bild-Kunst, Bonn 2008 |36| Bernhard Hoetger: Keksdose (1918), gefertigt von Steffen Bockstaller, Käseglocke Worpswede |37| Martha Vogeler: Korbmöbel |38| Heinrich Vogeler: Tulpenmöbel, Haus im Schluh, Worpswede | Worpsweder Kunsthütten, Lotte Heidelbach: Aschenbecher, Käseglocke Worpswede |39| Heinrich Vogeler: Fischbesteck, Käseglocke Worpswede | Bernhard Hoetger: Großer Schweinehund, Käseglocke Worpswede | Worpsweder Kunsthütten, Willi Ohler: Kanne mit Kunsthüllenzeichen, Käseglocke Worpswede|40| Bernhard Hoetger: Licht / Bonze des Humors (1914), Große Kunstschau Worpswede |41| Berhard Hoetger: Wut (1914), Große Kunstschau Worpswede | Bernhard Hoetger: Kopf der Sent M'Ahesa (1917), Worpsweder Kunsthalle | Nofretete (um 1340 v. Chr.) |42| Clara Rilke-Westhoff, „Paula Modersohn-Becker", 1899 |43| Clara Rilke-Westhoff: Büste einer Alten (1898) | Bernhard Hoetger: Schiffszieher (1902), Kunstsammlungen Böttcherstraße |44| Heinrich Vogeler: Der Barkenhoff (1921), Privatbesitz, © VG Bild-Kunst, Bonn 2008 |45| Heinrich Vogeler: Frühling (Radierung, 1896), Worpsweder Kunsthalle, © VG Bild-Kunst, Bonn 2008 |46| Heinrich Vogeler: Sommerabend (1905), Große Kunstschau Worpswede, © VG Bild-Kunst, Bonn 2008 |47| Heinrich Vogeler: Die Blaue Stunde (1914), Privatbesitz, © VG Bild-Kunst, Bonn 2008 | Heinrich Vogeler: Barkenhoff-Diele (1906), Privatbesitz, © VG Bild-Kunst, Bonn 2008 | Heinrich Vogeler: Barkenhoff – Kinderheim der Roten Hilfe (1924), Revolutionsmuseum Moskau, © VG Bild-Kunst, Bonn 2008 |48| Heinrich Vogeler: Bildnis Martha Vogeler (1910), Haus im Schluh, Worpswede, © VG Bild-Kunst, Bonn 2008 |50| Ottilie Reylaender: Mädchen mit Cantaro (1911), Worpsweder Kunsthalle |51| Paula Modersohn-Becker: Blick aus dem Atelierfenster in Paris (1900), Kunsthalle Bremen |52| Paul Cézanne: Selbstporträt mit Palette (um 1890), Sammlung Bührle, Zürich |53| Ottilie Reylaender: Mittag in Tonila (1918), Worpsweder Kunsthalle |54| Heinrich Vogeler: Mondnacht in der usbekischen Wüste (1940), Nationalgalerie Berlin, © VG Bild-Kunst, Bonn 2008 | Heinrich Vogeler: Das Tal des Serafschan (1927), Worpsweder Kunsthalle, © VG Bild-Kunst, Bonn 2008 |55| Heinrich Vogeler: Die Geburt des Neuen Menschen (1923), Privatbesitz, © VG Bild-Kunst, Bonn 2008 |56| Paula Modersohn-Becker: Flöte blasendes Kind im Birkenwald (1905), Kunstsammlungen Böttcherstraße, Bremen |57| Bruno Paul: Malweiber (*Simplizissimus* 1901), Privatbesitz |58| Heinrich Vogeler: Karikatur Adele v. Finck, Worpsweder Archiv der Barkenhoff-Stiftung, © VG Bild-Kunst, Bonn 2008 |59| Paula Modersohn-Becker: Otto Modersohn schlafend (1906), Paula Modersohn-Becker-Stiftung, Bremen | Frank Masson: Malschule Weyerberg, Karikatur Heinrich Vogeler aus der Postkartenserie *Worpswede demnächst* (1906), Privatbesitz |60| Hermine Overbeck-Rohte: Birkenweg (1896), Stiftung Fritz und Hermine Overbeck |61| Fritz Overbeck: Hermine in blauer Malschürze (um 1906), Stiftung Fritz und Hermine Overbeck, Bremen | Bertha Schilling: Gehöft in Fischerhude, Lilienthaler Kunststiftung |62| Albert Schiestl-Arding: Bildnis des Malers Carl Jörres, Lilienthaler Kunststiftung |63| Carl Jörres: Selbstbildnis mit Sommerhut (um 1930), Privatbesitz|64| Carl Jörres: Winterlandschaft (1937), Gemeinde Lilienthal | Carl Jörres: Das Badehaus an der Wörpe im Frühling (1930), Lilienthaler Kunststiftung |65| Albert Schiestl-Arding: Hängende Tulpen, Lilienthaler Kunststiftung |66| Richard Oelze: Im Freien (1961), Galerie Brockstedt, Hamburg |67| Richard Oelze: Es gibt viele Enden der Welt (1967, Ausschnitt), Privatbesitz |68| Salvador Dali: Zerrinnende Zeit (1931), Museum of Modern Art, New York, © VG Bild-Kunst, Bonn 2008 |69| Richard Oelze: Selbstbildnis vor Landschaft (1947/48), Worpsweder Kunsthalle | Richard Oelze: Gold (1947), Worpsweder Kunsthalle | Richard Oelze: Erwartung (1935/36), Museum of Modern Art, New York |70| Willy Dammasch: Porträt des Malers Walter Bertelsmann (1924), Privatbesitz |71| Adolf Wissel: Calenberger Bauernfamilie (1939) |72| Fritz Mackensen: Drei Generationen (1938, 1945 zerstört), © VG Bild-Kunst, Bonn 2008 |73| Paula Modersohn-Becker: Selbstbidnis mit Kamelienzweig (1906/07), Museum Folkwang, Essen | Paula Modersohn-Becker: Selbstbildnis als stehender Akt mit Hut (1906), Privatbesitz |74| Willy Meyer-Osburg: Komposition (um 1957), Worpsweder Kunsthalle |75| Fritz Uphoff: Bemalter Atelierschrank (1923), Käseglocke Worpswede |76| Jackson Pollock: Nr. 4 (1950, Ausschnitt), The Carnegie Museum of Art, Pittsburgh, © VG Bild-Kunst, Bonn 2008 | Helmut Heinken: Komposition (um 1960), Worpsweder Kunsthalle |77| Egon-Karl Nicolaus: Dispersion (1957) | Helmut Heinken: Stillleben mit Glühbirne (1962), Worpsweder Kunsthalle |78| Willy Meyer-Osburg: Ohne Titel (1994), Privatbesitz | Willy Meyer-Osburg: Komposition (1957), Worpsweder Kunsthalle |79| Dieter Wallert: Komposition (1958), Worpsweder Kunsthalle |80| Natascha Ungeheuer: Kopfkarussell, 2005, © VG Bild-Kunst, Bonn 2008 |81| Margaret Kelley: The Way It Is and the Way It Could Be VII (2006), Privatbesitz | Marcel Duchamp: Brunnen (1917), Galleria Schwarz, Mailand, © VG Bild-Kunst, Bonn 2008 |82| Werner Zöhl: Blick auf das Dorf (2001) | Uwe Häßler, Menschenräume, 2005 |83| Friedrich Meckseper: Memento mori (Radierung 1987), Worpsweder Kunsthalle, © VG Bild-Kunst, Bonn 2008 | Hans-Georg Rauch: Popfestival (1979) |84| Martin Vosswinkel: Farbmühlen grün, © VG Bild-Kunst, Bonn 2008 | Pit Morell: Tableau Russe, Worpsweder Kunsthalle |85| Natascha Ungeheuer: Heiß und kalt (1998), Hotel Haar, Worpswede, © VG Bild-Kunst, Bonn 2008 | Ivanka Svobodová-Rinke: Pixel Paula | Paula Modersohm-Becker: Selbstbildnis mit zwei Blumen in der erhobenen linken Hand (1907), Privatbesitz |86| Peter-Jörg Splettstößer: Fragment 12 (2004/05), © VG Bild Kunst, Bonn 2008 | Margaret Kelley: The Burden and the Leap (1995), Privatbesitz |87| Frauke Migge: Begegnung (2005), Privatbesitz |96| Otto Modersohn: Vignette von den Köpfen der „5 Worpsweder" (1905), © VG Bild-Kunst, Bonn 2008

Otto Modersohn:
Vignette von den Köpfen
der „5 Worpsweder“ (1905)

ISBN 978-3-00-026035-3

Gestaltung, Layout, Illustrationen: © Eckhard Twistel
(www.wingratgestaltung.de)

Bildredaktion und Beratung: Peter Elze

Fotos und Gemäldereproduktionen: Erwin Duwe (Lilienthal), Peter Elze (Lilienthal),
Archiv Worpsweder Verlag, Wikipedia, digitalstock.de

Lektorat: Kai Fischer

Druck: ASCO Sturm Druck, Bremen

Umschlagbild: Fritz Overbeck: In den Wiesen II (1904/05)

Gefördert durch den Landschaftsverband Stade
mit Mitteln des Landes Niedersachsen,

Lilienthaler Kunstverein Wümme, Wörpe, Hamme

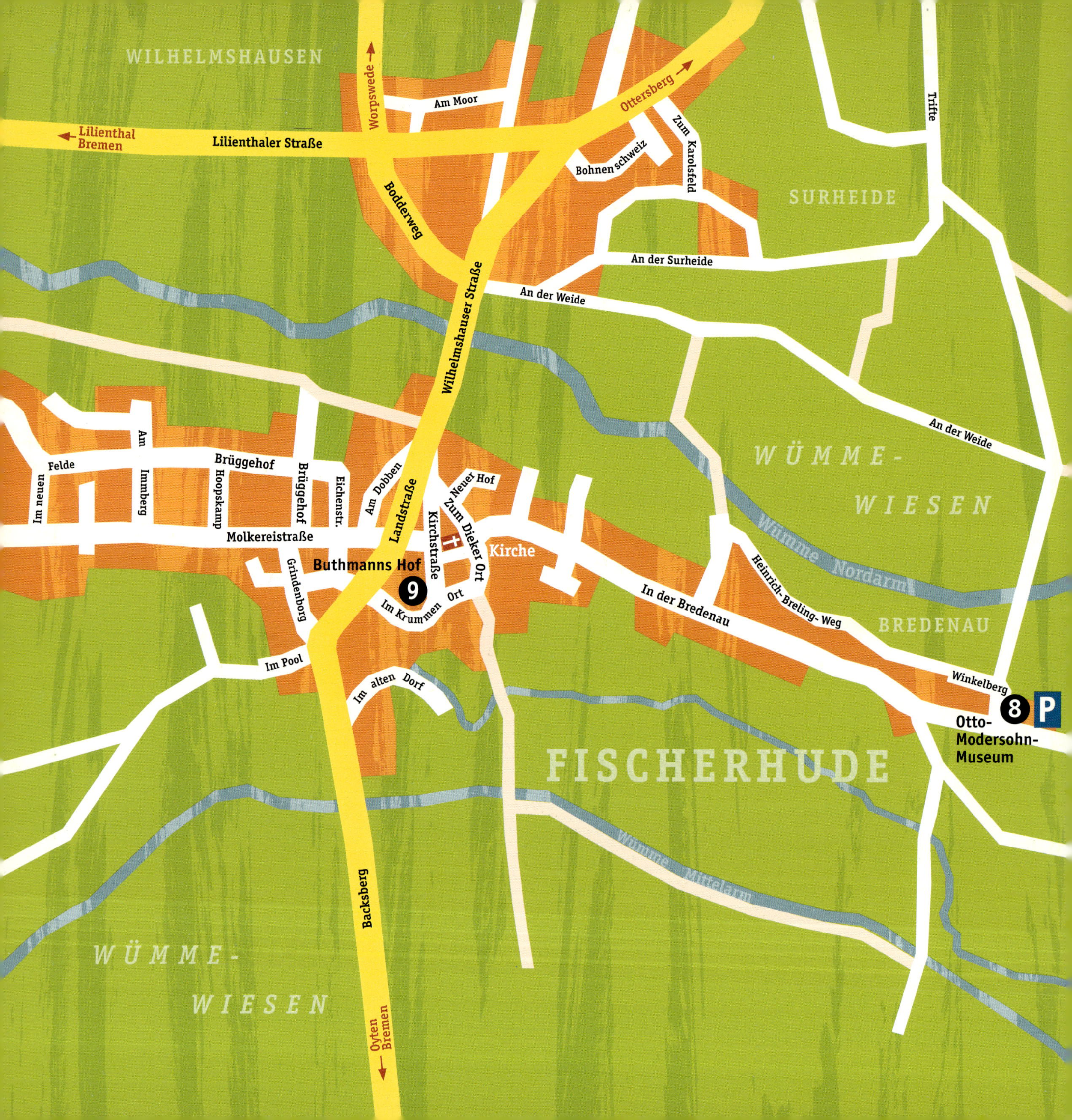
WILHELMSHAUSEN
Worpswede
Am Moor
Ottersberg
Lilienthal
Bremen
Lilienthaler Straße
Zum Karolsfeld
Bohnen schweiz
Trifte
SURHEIDE
Bodderweg
An der Surheide
Wilhelmshauser Straße
An der Weide
An der Weide
WÜMME-
WIESEN
Im neuen Felde
Am Immberg
Brüggehof
Hoopskamp
Brüggehof
Eichenstr.
Am Dobben
Landstraße
Neuer Hof
Zum Dieker Ort
Kirchstraße
Molkereistraße
Kirche
Buthmanns Hof
9
Grindenborg
Im Krummen Ort
Wümme Nordarm
Heinrich-Breling-Weg
In der Bredenau
BREDENAU
Im Pool
Im alten Dorf
Winkelberg
8
P
Otto-
Modersohn-
Museum
FISCHERHUDE
Wümme Mittelarm
Backsberg
WÜMME-
WIESEN
Oyten
Bremen